자 서 전 ②

그동안 살아온것이 쌓여 오늘날 내모습에 얼굴이된다.

인 생 길

자서전 ② (개정판)

106권째 저자 : 박사 전준상

자수정출판사

농협 1300-3551-1656-95 우희정

80대에도 불편한 데가 없고, 먹는 약이 없으면 제일 행복입니다.

자 서 전 ②
인생길(개정판)

지 은 이 - 박사 전준상
발 행 처 - 자수정 출판사
발 행 일 - 2025년 5월 25일
2쇄 인쇄 - 2025년 9월 10일
신고번호 - 제 2018-000094호

서울 영등포구 영중로65
자수정출판사 010-8558-4114
정 가 ₩20,000원
*파본은 교환해 드립니다.

NAVER 네이버 검색창에 전준상
YouTube 유투브 검색창에 박사전준상

E-mail - yangko719@daum.net

프 로 필

  필자가 아산시 온양온천에서 20년간 성장하다 서울에 온지도 어언 60년이 되었습니다.

그동안 사업과 동시에 쓴 글들만 해도 명언집과 인생처세술 그리고 애정소설과 자서전 등 106권째 집필하여 국립중앙 도서관에 납본되었습니다. 사업할 때는 80여 건의 특허를 받아 밀폐 용기의 원조인 락앤락 등 여러 가지가 히트하여 사회에 이바지하였고 일본에서는 현지법인 생보석을 5년간 경영하기도 하였습니다.

형제 중 두 아우는 미국으로 건너가 사업을 한지도 40년이 지나고 있으며, 자녀 중 전선영 감독은 상업 영화 <폭로; 눈을 감은 아이>를 감독하여 유럽 국제영화제와 아시아 영화제에서 두 번이나 신인 감독상을 수상하였고, 브라질 영화제와 뉴욕 영화제에 초청되어 다녀온 후 개봉을 앞두고 있습니다. 다른 자녀들도 사업과 명 강사로 활동하면서 행복한 가정을 누리고 있습니다. 필자도 쉬지 않고 현역으로 있으며 시간이 있을 때마다 건강과 독서를 염두에 두고 실천하며 늘 집필을 하고 있습니다.

저자 박사 전준상
(010-8558-4114)

머 리 말

본 필자의 자서전

1. <천태만상> 전반전
2. <인생길> 후반전
3. <회춘 비결> 연장전

필자는 한국전쟁부터 14명의 대통령과 AI 등 고도성장과정 및 초고령사회까지 다양한 시대를 모두 겪어온 세대입니다. 역사상 아마도 이러한 세대는 극히 드물지 않나 싶습니다. 그러므로 전 후반전으로 나누어서 저의 인생사를 진솔하고 솔직하게 피력해 보았습니다.

자서전은 그동안 가족이나 자녀 친구 지인들에게 저에 대하여 모르고 있던 장점이나 흠을 알리는 기회가 되기도 합니다. 청소년기, 청년기, 장년기, 노년기 연령에 따라 겪었던 일 앞으로의 미래를 펼칠

일까지도 비전을 제시하기도 합니다.

　자서전은 평민인 범부에서부터 큰 인물들까지 누구나 이름을 남기는 일입니다. 꼭 정치인들이 선거 후보가 되어 출판기념회로 정치자금을 하려거나 자신을 더 알리는 것만은 아닙니다.

　그동안 인생의 삶을 되돌아보고 반성하며 추억을 간직하기도 합니다.

　필자 역시 10년이면 강산도 변한다는데 8번에 세상이 변하는 동안 어떻게 역사가 바뀌었는지, 개인적인 경험과 이야기가 세상에 큰 의미를 가질 수 있다고 생각합니다. 또한 다음 세대에게 인생의 지혜와 교훈을 전하는 자료가 될 수도 있습니다.

　그러므로 동영상으로 남길 수까지는 없어도 글로서라도 남기어 인생을 정리하는 것도 바람직한 일입니다. 누구나 도전하면 자신의 인생에 큰 소장품인 책 한 권을 남기게 됩니다. 꿈과 용기를 갖고 도전하여 자신의 역사를 남기시길 바랍니다. 감사합니다.

2025년 8월 15일
박사 전준상 드림

차 례

	프로필	3
	머리말	4
	전박사 추천사	9
1.	빨갱이를 목격하다.	12
2.	대통령 14명째를 겪다.	28
3.	유명인들 여자 수난	44
4.	우리 가족이 형성되다.	69
5.	신인감독상 축하여행	89
6.	부산 국제영화제	112
7.	미국의 두 아우들	117
8.	자서전은 자녀와의 대화	122
9.	일인십역(一人十役) 하는 현역	130
10.	곱게 익어가는 노화지연	148
11.	노년은 건강이 최고다.	156
12.	무서운 치매 비극	169
13.	자기 계발	178
14.	세계 열 번째 잘사는 나라	194
15.	윤리 도덕이 무너졌다.	206
	부록 - 애터미 시대 -	223

전 박사 집필 목록

1	폰메일 연가	36	명언시리즈 7	71	화려한 인생 1
2	핫나경1	37	명언시리즈 8	72	멋진 인생 2
3	핫나경2	38	명언시리즈 9	73	즐거운 인생 3
4	핫나경3	39	명언시리즈 10	74	행복한 인생 4
5	日本라지롱 구	40	아침칼럼 11	75	곱게익어가는 인생 5
6	日本 핫 - 1	41	아침칼럼 12	76	한 번뿐인 인생 6
7	日本 핫 - 2	42	아침칼럼 13	77	황금빛 인생 7
8	日本 핫 - 3	43	아침칼럼 14	78	황홀한 인생 8
9	하하 소책자	44	아침칼럼 15	79	만족한 인생 9
10	레이저 혁명	45	아침칼럼 16	80	일곱빛깔
11	오 마이 갓 1	46	아침칼럼 17	81	비져케어 소책자
12	오 마이 갓 2	47	용불용설(用不用說)	82	용트림 소책자
13	오 마이 갓 3	48	보보 1	83	야생마 소책자
14	화화유 1	49	보보 2	84	나의 건강 나의 행복
15	화화유 2	50	보보 3	85	두 배로 산 인생 1
16	화화유 3	51	불륜천국 1	86	두 배로 산 인생 2
17	독신녀	52	불륜천국 2	87	두 배로 산 인생 3
18	황금 꽃	53	불륜천국 3	88	매력
19	쥬얼리 여인 1	54	여자의 색 1	89	멋
20	쥬얼리 여인 2	55	여자의 색 2	90	실버대학 소책자
21	쥬얼리 여인 3	56	본질 1	91	올드보이 소책자
22	킹카 퀸카	57	본질 2	92	남자의 향기 소책자
23	나의 나침판	58	본질 3	93	100세 시대가 온다
24	나의 멘토	59	유혹 1	94	인생 승리
25	나의 황금물결	60	유혹 2	95	남은 여생
26	나의 향기	61	유혹 3	96	지혜 철학
27	님의 그리움 1	62	살아온대로살아간다.	97	불로장생 소책자
28	님의 그리움 2	63	백세시대	98	곱게 익어가는 시대
29	님의 그리움 3	64	서울 카사노바 1	99	거목의 길 1
30	명언시리즈 1	65	서울 카사노바 2	100	큰 인물들
31	명언시리즈 2	66	서울 카사노바 3	101	천태만상3 자서전 上
32	명언시리즈 3	67	서울 카사노바 4	102	파란만장 자서전 下
33	명언시리즈 4	68	명품인생 1	103	구사일생 - 탈북녀
34	명언시리즈 5	69	명품인생 2	104	고향의 봄
35	명언시리즈 6	70	명품인생 3	105	영등포의 밤
106	인생길 자서전	107	애터미 시대	108	회춘 비결

화제의 영화 〈폭로〉 대박예감!

초유의 연기파 두 여배우...

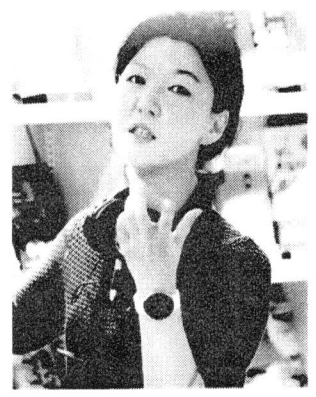

영화감독 전선영
시나리오 전선영

화제의 중심에서 이번에 크랭크인 한 영화 〈폭로〉는 초등학교 동창인 두 여자가 20년 만에 살인사건의 담당 경찰과 용의자로 재회하며 벌어지는 이야기를 그린다.

전선영 감독은 시나리오를 집필하며 초유의 연기파 배우들을 캐스팅했다. 〈파친코〉로 얼굴을 알린 김민하와 역시 2017년 〈박열〉한 편으로 각종 시상식 13관왕을 휩쓸며 진한 인상을 남긴 배우 최희서, 두 연기파 배우가 카메라 앞에 섰다.

전선영 감독은 본 저자인 박사 전준상 작가의 자녀로 경희대학교 졸업 이후, 영화인의 열정으로 영국에서 5년의 유학 생활을 거쳐 한국종합예술대학 석사로 졸업, 영화에 빠져 영화와 결혼한 미혼으로, 후배 양성으로 자신의 꿈을 접어가던 중 드디어 자신의 장편영화를 크랭크인 하게 되었다.

2022년 10월 14일부터 촬영을 시작했다. 촬영장 분위기는 차가운 겨울 날씨도 녹일 만큼 열정의 땀방울이 훈훈하다.

전박사 추천사

인생 전반전에 <천태만상>을 겪어보았다면 인생 후반전인 <인생길>에는 80대인 지금까지 아무 데도 불편한 곳 없이 행복한 삶을 누리고 있다.

눈(目)은 차 속에서도 신문을 볼 수 있어 침침 한데가 없이 밝고 귀(耳)는 이웃집에 택배 내려놓는 소리까지 들릴 정도로 너무 밝아 귀찮다. 치아는 틀니가 아니라 자연치로 갈비도 뜯을 수 있어 감사하다.

혈압, 당뇨, 고지혈증 3고(高)가 없고 신장, 심장, 간, 폐, 위, 대장 등 오장육부에 이상이 없으니 먹는 약이 하나도 없다.
머리는 수정처럼 맑아 소설책을 꾸준히 써서 현역으로 남아있으며 몸은 새털처럼 가볍고 자세는 꼿꼿하여 걸음이 일자 걸음으로 성큼성큼 걸어 다닌다. 얼굴은 주름이 없으니 나이보다 20년은 더 젊게 보인다.

이러한 행복은 하늘에서 저절로 뚝 떨어진 게 아니다. 규칙적인 좋은 생활습관의 결과다. 골고루 잘 먹고, 소일거리로 5천 보를 걸으니 운동이 되고, 배변은 매일매일 규칙적으로 시원하게 본다.

잠은 밤 10시에 무조건 숙면에 들며 아침 6시 기상으로 8시간을 자고 중간에 소변 한번을 본다. 제아무리 바빠도 제시간에 식사하면서 80%까지만 소식을 하며 취침 전 4시간 전에는 야식은 일체하지 않는다. 그리고 하루 8시간은 먹고 16시간은 위를 비워 놓아야 한다.

노화 속도를 늦추기 위해서는 감소된 근육을 보충하는 것이 중요하므로 꿀, 인삼, 대추와 분말로는 구기자, 계피, 생강, 마늘이 들어간 장수식품<불로장생>을 하루에 한 스푼씩 꾸준히 먹는다.

<불로장생>을 꾸준히 먹었더니 면역력이 증진되고 피부가 건강해져 대상포진이나 감기몸살 등 잔병치레가 없다. 손발과 몸도 따뜻하여 숙면에 좋다. 소화가 잘되어 식사 후 뒤돌아서면 시장끼를 느낄 정도로 장기간 복용할수록 불로장생 효과가 좋다.

8시간을 자고도 일어날 때는 잠에 취해 벌떡 일어나

지를 못하고 초등학생처럼 뒹굴뒹굴하다 이불 속에서 아쉽게 기어 나온다. 낮잠도 자는데 너무 자서 나 자신이 이렇게 많이 자도 되나 하는 의문을 가지며 잠을 많이 잘 잔 게 도리어 걱정이 된다.

이 세상에서 중요한 것은 나 자신이 건강하게 오래 살아 있어야 한다. 그래야 손자 손녀들이 성숙하게 자라 가정을 이루는 것도 보고 목표달성 하여 성공하는 것도 볼 수 있지 않겠나. 그런데 오래 사는 게 좋으냐면서 "오래 살아서 무엇해!"라고 반문하는 노인은 몸이 아픈 데가 많아 인생을 빨리 포기하려고 하기 때문이다.

자서전 1, 2권을 끝까지 읽으시면 남은 인생에 도움이 됩니다. 본문에서 다시 한번 더 강조하겠습니다.
감사합니다.

2025년 8월 15일
지은이 박사 전준상 드림

1. 빨갱이를 목격하다.

조용한 시골 마을에도 어김없이 어두운 전쟁의 그림자가 찾아왔다. 그때만 하여도 뭐 뭔지 모르던 때였다. 전쟁이 무엇인지 빨갱이가 무슨 뜻인지 잘 모르는 나이였다. 그래서 빨갱이는 얼굴이나 코가 빨갛기 때문에 그런 게 아닌가 궁금하였던 게 초등학교 3학년 때였다.

어른들이 삼삼오오 모여 앉기만 하면 긴장된 표정으로 수근수근들 하며 두려움에 떠는 게 어린 나이에도 역력히 보였다.

20세부터는 군에 가야 하고 나머지는 50대까지 인민군을 피해 도망을 가야 했다. 아니면 골방이나 마루 밑에 엎드려서 숨어 살았다.

빨갱이들은 밤만 되면 빨간 완장을 차고 몽둥이나 죽창을 둘러메고 꽹과리를 치며 몰려다녔다. 그 사람들은 세상이 바뀌었다며 떠들며 다녔고, 그들은 소외계층으로 남의 집 머슴살이를 하던 사람들이나 마을에서 말썽 부리는 망나니들이 대부분이었는데 바로 그들이 빨갱이들이었다. 조국을 배신하고 북조선 공산당에 입당한 그들은 자기들 세상이 왔다며 살판이 나서 길길이 뛰어다녔다.

조정래 소설 <태백산맥>에 나오는 전남 보성 벌교 마을이 사실감 있게 잘 보여주고 있다. 잘사는 지주 집이나 공무원 집 아들이 군대에 간 집을 찾아다니며 반동분자라며 닥치는 대로 때려 부수고 붙잡히면 밤새도록 몽둥이 찜질로 초죽음이 되어 죽을 지경에 이르도록 맞았지만, 약국도 없어 그냥 버텨야 하는 가난하고 열악한 때였다.

그러니 민간요법으로 매 맞은 독을 해독하는 데는 똥물이 직효라며 재래식 변소에 용수를 받아서 똥물을 떠내어 억지로 먹여서야 살려내곤 하였다.

과수원에 숨어 계시던 우리 아버지는 불행 중 다행으로 끝까지 무사히 넘기셨지만, 선장 면장을 지내신 양부(둘째 삼촌)께서는 신곡리에서 넘어온 빨갱이와 궁화리 우리 동네 빨갱이들이 합류하여 양가집으로 쳐들어왔다. 그때 나는 개구쟁이로 노느라 정신이 팔려 곯아 떨어져 비몽사몽 자고 있었다.

그런데 아이구~ 아이구~ 하는 신음소리에 잠에서 깨어보니 호롱불 아래 양부는 두 무릎을 꿇고 있었고 양손은 뒤로 묶여있었으며 빨갱이들은 삥 둘러서서 몽둥이로 양부를 벼 타작하듯이 마구 때리고 있었다.

어느 정도 시간이 흐르자 한 놈이 쓸만한 물건을 쓸어 담으며 모두 다 챙겼다고 하는 거 같았다. 나는 그때 눈을 비비며 빨갱이들 속을 빠져나와 옆집 생가집으로 달려가 대문을 두드렸다. 그런데 아무리 두드려도 대문이 열리지 않아 담을 넘어서 엄마 방으로 들어가니 엄마도 그때 서야 깜짝 놀라시며 영문을 모르고 계셨다. 그때 나는 이웃집 둘째 삼촌 댁에 양자로 가서 사는 때였다.

내가 본 대로 자초지종을 말하는 걸 듣고서야 부르르 떠시며 호롱불을 재빨리 끄고 이불 속 깊이 나를 파묻으셨다. 그때 엄마가 출산한 지 얼마 안 되는 희자 동생에게 젖을 물리시며 놀래서 잠을 이루지 못하던 나를 어서 자라며 재촉하고 계셨다.

악몽의 밤은 지나가고 새 아침이 밝아왔다. 양가집으

로 돌아와 보니 어젯밤에 매를 맞으신 양아버지는 고통 속에 사경을 헤매고 계셨다. 어머니께서는 매 맞으신 양아버지에게 수건을 적셔서 찜질을 해주고 계셨다. 그 **때서야** 전쟁 중이고 **빨갱이**를 알았다.

그날 땅거미가 질 무렵 친구들과 딱지를 치고 있는데 인민군 두 명이 따발총을 어깨에 메고 누군가를 뒤로 결박하여 양옆에서 팔을 붙잡아 끌고 우리 앞을 지나갔다. 그 사람은 죽창에 찔려 얼굴이 피범벅이 되어 알아볼 수가 없는데 "준상아~ 물 물 좀 다오"하는 그 소리를 듣고서야 누군지 알게 되었다. 그분은 전쟁 전 군대에서 제대한 조내골 오촌 전영창 아저씨였다.

재빨리 부엌으로 달려가 바가지에 물을 떠서 달려가니 아저씨는 인민군에 이끌려 저 멀리 가고 있었다. 물 바가지를 출렁대며 반은 흘리면서 남은 물이라도 드리려 하자 인민군 두 놈이 바가지를 발로 차 쪽박이 나고 말았다.

오목리 지서로 끌려가면 즉결 처분을 당할 판이었다. 그런데 얼마 후에 죽은 줄만 알았던 아저씨가 구사일생으로 살아 돌아오셨다. 나는 어린 마음에도 얼마나 반가운지 죽었던 사람이 살아온 이야기를 듣고는 이런 것이 기적이란 것이라는 것을 알았다.

아저씨는 오목리 지서로 끌려온 수십 명의 사람과 밧줄로 굴비 엮듯 엮여서 읍내리 뒷산 학성산 산봉우리에 일렬로 세우고 따발총으로 총살을 하려고 방아쇠를 당기는 찰나에 손에 묶였던 밧줄을 비벼서 느슨하게 풀어 놓았다가 방아쇠 당기는 찰칵 소리 0.1초 전에 골짜기로 먼저 뛰어 내려왔는데 캄캄한 밤이라 덤불에 뒹굴어서 빠져나오는 것이 가능하여 살았다고 하신다.

구사일생으로 1950년에 살아 돌아온 전영창 오촌 아저씨는 다시 태어난 기분으로 2025년이 된 지금 97세로 75년을 덤으로 살고 계시다.

큰 백부 전영석씨는 오목리 농협 창고에서 찌는듯한 삼복더위에 에어컨은 고사하고 선풍기도 없던 시절 면내 사람들이 수백 명 잡혀 와 창고에 짐짝처럼 처박혀 있어야만 하였다.

큰 백부에게는 전한상 사촌 형 외아들뿐이었다. 나이가 19세 고등학교 시절 결혼을 하였으나 인민군을 피해 지내야하기 때문에 형을 대신하여 내가 아침저녁 식사를 백부에게 가져가 드려야만 했다.

도시락이 없던 시절 벼 보자기로 바가지에 밥을 싸고 반찬은 오이채 나물을 싸서 갖다 드리면 그렇게도 맛있게 잘 드시더라면서 걱정하고 계신 할머니 할아버지 큰어머님께 보고를 해드리면 저 어린놈 심부름도 똑 부러지게 잘한다고 칭찬을 하시며 예뻐하셨다. 그때가 필자 나이 9살이었다.

서울에서는 우리 양가집으로 지금은 김홍표 탤런트의 아버지 이종 태용이네 부모와 누이 태자 태숙이 다섯 식구가 서울서 피난을 내려와 있었다. 또 생가집에는 대학교 영문과 김교수 내외가 피난을 들어와 있었다. 그때 김교수님 손을 잡고 20리 8km를 걸어 온양에 나가 중국요리 짜장면을 사주셔서 난생처음 얻어먹은 맛은 지금까지도 잊을 수가 없다.

인민군이 쳐들어오기 전 피난을 가야 한다면서 초등학교 3학년인 나는 쌀 한 말을 졌고, 옷 보따리 이부자리는 가족들이 모두 다 이고 지고 60리밖에 안 되는 예산의 어느 산속 아는 지인 집을 오밤중에 찾아 들어갔다.

미리 연락하여 허락을 받아놓은 터라 그런지 저녁상을 차려놓으셨다. 첩첩 산골 주변에 아무것도 없는 곳에 저녁상에 올라온 된장찌개가 둘이 먹다가 하나 죽어도 모르게 맛있었다. 가을인데도 화롯불에서 뚝배기에 토종 된장찌개가 항상 올려져 있어 며칠 안 되는 피난 시절이었지만, 지금도 음식점에 가서 된장찌개 맛이 입에 맞으면 피난 갔던 산골의 그 집 생각이 떠오르곤 한다.

피난 생활은 일주일 만에 끝나고 다시 귀향하였다. 김 교수 내외도 한 달 후에 서울로 올라가고 김홍표 아버지 할아버지 할머니 이모들은 온양온천에 둥지를 틀고 염색소 문을 열었다. 6.25사변 그 시절에는 물자가 귀하여 옷도 국방색 군복을 검정색이나 밤색으로 염색하여 입던 시절이라 옷에 물들이러 오는 손님들이 많았다.

우리 동네에서 온양온천까지는 8킬로 20리 길을 버스나 기차가 없어 걸어서만 오고 가야만 하였다. 모처럼 이모네인 태용이네 염색 공장 집에 가면 온통 검은색 천지였으며 두 부부께서도 두 손 모두 다 항상 검정 물이 들어있었다.

겨울에는 내내 콩나물에 물오징어를 넣어 국을 끓여 온 식구가 빙 둘러앉아 나도 손님으로 갔을 때는 끼어 식사를 하곤 하였다.

 어린 나이에 한국전쟁으로 고생하며 역경을 이겨내는 모습을 두 눈으로 똑똑히 보며 자랐기 때문에 전쟁에 비참함을 누구보다도 잘 알게 되었다.

 한국전쟁은 3년 만에 끝이 나서 인민군은 북으로 퇴각하면서 38선이 갈라져 나라가 민주주의 남한과 공산주의 북한으로 두 동강이 나고야 말았다.
 마을에서는 전쟁 시 붉은 완장을 팔뚝에 차고 영원한 제 세상으로 살아갈 것으로 알았던 빨갱이들이 북한으로 돌아가지 못하고 마을에 머물러 있었다.

 마을 청년들이 그냥 둘리가 없었다. 그들이 밤마다 몽둥이를 둘러매고 다니며 온갖 행패를 부리던 그대로 보복에 나섰다. 이번에는 몽둥이가 아닌 쇠파이프로 빨갱이들을 무릎을 꿇어 놓고 사정없이 등짝을 내리쳤다. 이때는 무법천지로 법이 있으나 마나 할 때였다.

 전쟁으로 곤욕을 치른 국민은 굶주림에 헐벗고 살아 후진국을 면하지 못했다.
 6.25전쟁이 나기 전 1945년 일본이 패망하자 광복에 해방을 맞이했다. 한반도는 새 나라를 세울 희망으로 가득찼다. 하지만 1950년 6월 25일 새벽 김일성체제

북한군이 불법 남침함으로써 한반도에서 같은 민족끼리 전쟁이 일어났다.

북한은 막강한 군사력을 갖추고 남북통일을 명분으로 남침을 개시했다. 유엔군의 개입으로 1953년 7월 27일 휴전 협정으로 전쟁은 3년 만에 중지되었다. 같은 민족끼리 큰 손실을 끼쳤고 이후 남북분단이 더욱 고착화 되었다.

이때 북한은 수령이 김일성이었고 남한은 초대 대통령 이승만이었다. 전쟁이 끝나고 북한은 남한을 75년간 지속적으로 괴롭혀왔다. 그중에서도 큰 사건이 여러 번 일어났다.

김일성의 지시로 박정희 목을 따러 왔다는 1968년 김신조 사건, 1983년 전두환을 제거하려는 아웅산묘지 테러 사건, 1987년 김현희 KAL기 폭파 사건, 우리 시대 큰 3大 사건을 간략해 서술 해보도록 하자.

청와대를 기습공격 하러 온 124군 부대 소속 42년생 소위 김신조(26세)가 31명의 무장공비 속에 끼어 청와대 500미터 앞까지 침투하였다. 그러나 종로경찰서 경비대 검문으로 발각되자 총격전이 벌어져 최규식 경찰서장과 정종수 경사가 순직했다.
 이때 김신조가 생포되고, 1명은 북한으로 넘어갔으며 29명이 사살된 죽음의 공작조는 북한에 2,400명이 남아있다고 한다.
 김신조는 2년간 방첩대에서 조사를 받고 전향하여 풀려났다. 그러나 북에 있는 부모 형제들은 처형되고 김신조는 3세 연하 최정화 그리스도 신자와 결혼하여 아내의 권유로 신학대학을 나와 목사님이 되었다. 4천여 곳에 교회를 순회하며 강연을 다니기도 하였다.

 김신조는 남한에서 57년간 삶을 누리는 동안 건설회사에 다니기도 하였다. 1남 1녀 자녀를 두어 사위도 장인인 목사를 따라 목회에 열중하다가 김신조 목사가 83세에 패혈증으로 사망하자 영등포 장례식장에서 조문을 받았다.
 김신조 사건으로 인하여 군경과 민간인 32명이 사망하고 군 생활은 3년으로 늘어나 예비군 훈련이 생기고 육군 제3사관학교도 생겼다.

 김신조는 자녀들이 공비의 자식이라는 손가락질을 받아 상처를 입는 것을 보고 김재현으로 개명을 하였으며 북의 부모님들이 자신 때문에 총살을 당하였다는 비보를 접할 때는 나는 그때 죽었어야 하는데 하는 후회로 가슴이 찢어지기도 하였다.

그리고 이어서 1987년 11월 29일 이라크 공항에서 대한항공에 115명 탑승객을 실은 KAL기가 폭파되어 전원이 사망하는 사건으로 전 세계를 경악케 하였다.
88년 서울올림픽에 세계 각국 나라의 참가를 방해하기 위한 북한공작이었다. 북한 김일성이의 아들 김정일의 지시를 받고 일본인으로 위장한 미모의 김현희는 김승일과 함께 대남공작원이었다.

바그다드 공항에서 우리 국정원에게 발각되어 체포되자 독약이든 자살용 앰플을 입에 털어 넣어 김승일은 현장에서 즉사하고 김현희는 응급 처치로 3일 만에 깨어나 생명을 건졌다.

김현희는 조사받기 위해 압송되어 김포공항에서 내릴 때는 자살하지 못하게 입에 자갈을 물려 마스크를 씌웠다. 김현희는 서울이라는 말에 두려움에 떨어 눈을 감았다. 사형을 선고받은 그녀는 3년 후 특별 사면을 받아 평범한 가정을 꾸리고 두 아이의 엄마가 되었다.

그러면서 115명의 유족들에게 미안하여 내가 살아도 되는가. 한국 사회에서 어떻게 살아갈 수가 있을까 걱정도 되었다고 한다.

 항공기 폭파하는데 공작원일 때는 62년생 25세로 평양 외국어대 일본어 학과에 다녔다. 북한의 외교관 딸이자 아역 배우였다. 파리 한 마리도 죽이지 못할 것 같았던 가녀린 그녀가 저지른 너무나 끔찍한 사건이었다.

 승무원 20명과 이라크에서 파견되어 일하고 돌아오던 노무자 95명은 고국에 있는 가족들 만날 기대감에 들떠 있었다. 고국에 있던 가족들도 김포공항에 마중 나와 아내와 자녀들은 아빠와 반가운 재회를 손꼽아 기다리고 있었다.
 하지만 도착할 비행기는 감감무소식이었다. 가족들은 불안감에 휩싸였다. 그리고 얼마 후 TV 뉴스에서 속보로 비행기가 돌연 실종되었다는 소식이었다.

 사건 전모가 밝혀지면서 115명 전원을 사망케 한 김현희는 16일 만에 사형에서 사면으로 이어져 수사를 맡아 하던 국정원 직원과 결혼을 하게 되었다.
 공교롭게도 김현희가 체포되어 압송되어 오는 날은 13대 대통령 선거 다음 날이었다. TV 생중계로 북한의 소행이라고 밝혀 북풍 전략으로 13대 대통령에 노태우가 당선되었다.

김현희는 8년간 공작 훈련을 받아 좀채로 북한의 실체라는 것을 자백하지 않은 것은 북한 공작원이 비밀정보를 자백할 때는 부모가 총살당할 것을 염려해서였다.

김현희는 집단 살인범과는 거리가 먼 청순한 인상 알게 모르게 감정이입이 되었다. 남성들은 김현희에게 매료되어 청혼이 쇄도하였고 북괴에 속아 소모품이 된 김현이에게 기회를 주자는 언론기사가 줄지어 이어지기도 하였다.

김현희는 재판하는 동안에 고개를 숙인 채 재판 내내 계속 눈물을 짓다가 네 번째 선고일에는 사형선고가 되자 울음을 터뜨리며 법정을 빠져나갔다.
유가족들은 김현희가 불구속 상태에서 재판을 받고 사형선고 뒤에도 마찬가지인 점을 납득할 수가 없다고 항의했지만, 김신조가 2년 만에 자유의 몸으로 목사님까지 되었듯이. 김현희도 자유의 몸이 되어 <나도 여자가 되고 싶어요>라는 책을 출간하기도 하였다. 탈북녀들은 이 책을 보고 나서 탈북을 결심했다는 실화가 책을 통해 소개되기도 했다.

다음은 필자 나이 40세 되던 해의 일이다.

김현희 이전에 전두환 대통령 일행이 1983년 10월 9일 버마(미얀마)를 방문 중이었다. 전두환 대통령이 아웅산 묘역을 참배할 것으로 정보를 알고 북한은 미리 정문 지붕 위에 미리 설치한 폭탄이 터져 일행들 중 30여 명의 사상자를 낸 폭탄테러 사건으로 서석준 부총리 이범석 외무장관, 상공부장관 청와대 비서 각료 수행원 등 17명이 사망하고 14명이 부상당했다. 이때 전두환 대통령은 뒤늦게 도착하여 목숨을 건질 수 있었고, 순방 일정을 모두 취소하고 귀국하였다.

테러 사건의 범인은 북한의 강민철, 신기철, 김진수로 북한 공작원 3인조였다. 이들은 중국 쪽으로 도망치려다 북한에서 보내 주기로 한 양곤강에 배가 도착하지 않아 각자 도망치기로 하였다.
새벽에 김진수가 양곤강을 헤엄치고 있었는데 그 모습을 수상하게 여긴 주민들의 신고로 체포되자 자살하려고 수류탄을 꺼내어 안전핀을 뽑자마자 바로 폭발하여 애꾸눈에 팔 하나가 절단되어 외팔이가 되었다.

양곤강 건너에서 기다리고 있던 신기철과 강민철은 경찰에 체포되었다. 경찰서로 연행되어 심문을 받던 공작원들은 가방에서 권총을 꺼내어 경찰과 총격전을 벌이다 신기철이 그 자리에서 사살되고 강민철은 도주했으나 얼마 못 가서 포위당하자 수류탄 안전핀을 뽑자마자 폭발하여 역시 애꾸눈에 외팔이가 되었다. 수류탄은 공격용이 아니라 공작원들이 붙잡히면 자살할 자살용으로 제조된 것이었다.

전두환 대통령은 원래는 버마(미얀마) 순방이 예정에 없었다. 어느 날 갑자기 청와대에서 지시가 내려졌고 이범석 외무장관은 그 개새끼들 때문에 버마(미얀마)에 가게 되었다며 불만을 토로한 것으로 알려졌다. 그 사람들은 3허 씨들로 허삼수 허화평 허문도 실세들을 뜻하였다. 예감이나 한 듯 이범석은 버마(미얀마)에서 테러로 사망하였다. 외교에 정통한 노신영 국가 안전기획부장도 버마(미얀마) 방문을 반대하였다.

버마인 미얀마 순방 2일째 우리 이순신 장군에 버금가는 독립영웅 아웅산 장군 묘소에 방문하기 위해 태극기를 단 벤츠 차량이 경찰의 호위를 받으며 묘소에 도착하기 전 이기백 합창 의장 정복에 폭발물 파편이 날아들었다. 장군정복의 약장과 철제 부착물이 방패 효과가 되어 살아남을 수 있었다. 부관이 재빨리 "장군님 괜찮으십니까" 하며 들쳐업고 후송시키고 그 정복은 육사박물관에 기증되었다.

검거된 범인들은 북한의 소행을 끝까지 입을 열지 않아 미얀마에서 김진수는 사형수로 형장의 이슬로 사라져 버렸고 강민철은 미얀마 감옥에서 무기수로 복역 중 간암으로 사망하였다.

주범인 강민철은 입을 열지 않았지만, 김일성 집단의 소행을 주장했고 전 국민 규탄대회가 열린 후에도 미얀마는 3주가 지나도록 북한이 한 짓이라고 특정하지 않았다. 이후로 대한민국 대통령들은 미얀마 방문을 꺼려 하였다.

아웅산에 미리 가서 도열 해 있던 15명의 관료 중 13명이 사망하고 구사일생으로 살아남은 이기백 육참 의장과 최재욱 환경부 장관은 그 후 덤으로 산다는 마음으로 84세로 별세할 때까지 국가를 위하여 최선을 다하는 마음으로 살았다고 한다.

전두환 대통령은 미얀마 외무장관 차가 고장 나는 바람에 늦게 도착하여 목숨을 건졌다. 그래서 사람의 목숨은 하늘에 달려있기에 한 치 앞을 알 수가 없다.

2. 대통령 14명째를 겪다.

　이승만부터 윤석열에 이어 이제는 14명째인 이재명 대통령까지 이들에게는 장자방인 책사가 없었다. 황제의 천하 통일은 장자방이 만든다. 장자방이란 일명 왕의 책사라고도 불린다. 책사는 왕의 스승인 멘토로 왕의 머리보다 지혜가 뛰어나 왕의 길흉화복의 앞길을 미리 예측하여 제시하는 것이다.

　왕의 옥체를 보살피는 것은 어의가 주치의고 정신적 마음에 영양제를 주는 것은 유능한 킹메이커인 장자방 책사에 달려있다.

　그러나 장자방이나 책사가 제아무리 하늘의 별을 따는 재주로 도통하였더라도 왕의 인성이 제대로 되지 않고서는 실력을 발휘할 수가 없다.
폭군 연산군처럼 성격이 포악하고 인면수심으로 짐승과 같이 제멋대로라면 죽는 자도 살린다는 허준처럼 명의

거나 한명회나 강태공과 같은 명 책사라 하더라도 나무 아미타불로 뜻을 이룰 수가 없다.

1, 2, 3대 이승만 대통령은 내가 6살 때부터 1960년까지 18년을 장기집권했다.
국회의장 이기붕, 경호실장 곽영주는 대통령이 낚시하다 방귀를 뀌니 '각하 시원하시겠습니다'라고 아부를 하던 간신들이었다. 4.19혁명이 일어났을 때 대통령직을 하야하고 하와이로 망명하여 거기서 노부부가 생을 마감했다.

자식이 없던 이승만이 이기붕의 아들 이강석을 양자로 삼았고, 무능한 이기붕은 부통령까지 하려다 부정선거를 저질러 결국은 몰락한다. 욕심이 화를 불러 이강석이 자기 아버지를 권총으로 쏘고 자신도 자결하면서 이승만과 이기붕의 시대는 막을 내렸다.

TV가 없던 시절 우리 집에는 오목리 지국에서 강 지국장이 자전거로 조선일보와 동아일보를 매일 배달하여 그 덕에 어린 나이지만 신문을 봐서 시국에 대해서 잘 알고 있었다.

2대 윤보선 대통령이 1960년에 취임 후 총선이 시작

될 때 온양온천에서 구희창, 방경수 세 친구와 제주도로 무전여행을 한달 동안 다녀왔다. 그 내용은 천태만상 자서전 1권에 소개한 바가 있다.

4대 윤보선 대통령은 3년도 채 되지 않아 1963년 5.16 군사혁명으로 물러나고 5대 대통령 박정희가 1979년까지 무려 18년의 장기집권을 하였다. 내 나이 약관 21세 때부터 37세 때까지 젊은 청춘을 박통 시대에 지내게 되었다.

그때 군대도 다녀온 후 결혼도 하고 여러 가지 사업을 하였다. 1975년에 2남 2녀로 막내 병헌이까지 태어났다. 그러니까 한마디로 박통 시대에 내 청춘을 보낸 것이다.

조선시대 말 일제강점기가 지나자 남북한 한국전쟁 후까지 대한민국은 후진국으로 어렵게들 살아가고 있었다. 이때 박정희는 독재자라고 많은 원성을 사면서도 굴하지 않고 헐벗고 가난하여 배고픈 국민을 잘살게 만드는 게 목적이었다. 대구에서 초등학교 선생을 하다 육군 소장이 된 박정희 장군은 대한민국의 영웅이었다.

역대 대통령 14명 중에 박통보다 국민을 더 잘살게

만든 대통령은 없다. 그래서 나이 든 사람들은 배고픔을 겪어보았기 때문에 눈부신 발전의 초석이 된 박정희 대통령을 가장 훌륭한 영웅으로 칭송하는 것이다. 정치란 뭐니뭐니해도 백성이 배부르고 등 따습게 하고 마음 편안하게 하는 것이 제일이다.

구로공단에는 가발 공장을 시작으로 각종 상품의 박람회가 열렸고, 고속도로를 만들자 자동차 공장이 구미공단 창원공단 울산 자동차 공장 등 전국 방방곡곡에 우후죽순으로 생산공장이 생겨 전 세계로 수출하게 되었다. 이때가 독일로 남자는 광부, 여자는 간호사로 나가 일하며 외화를 벌어들인 애국자들이 귀국하던 때이다.

나라 발전을 위해 최선을 다하는 그를 노리고 일본 조총련계 문세광은 박정희 암살을 위해 침투하여 8.15 광복절 행사 연설 중에 총탄이 날라왔으나 대통령에게서 빗나가 육영수 여사 머리에 맞고 그 자리에서 사망하게 되었다.

박대통령은 독신으로 지내던 얼마 후 삽교천 방조제 행사에 다녀와 안가에서 가수 심수봉 미모의 여대생 그리고 경호실장 차지철 중앙정보부장 김재규 대통령 비서실장 참석하에 궁정동 안가에서 저녁 연회를 베풀었다. 박통에게 김재은이라는 미모의 여학생이 200번째 여자라는 설은 있으나 밝혀진 바는 없으며, 이날 저녁 가수와 여대생들이 있던 술자리에서 김재규가 권총을 품에서 빼내더니 차지철을 향하여 '개새끼 같은 놈' 하며 방아쇠를 연발로 당겨 사살하였다. 이어서 박통이 '이게 무슨 짓이야.' 하며 호통을 치자 '각하 사람을 잘 써야지요' 하면서 대통령에게도 발포를 하였다.

연회장은 순식간에 아수라장이 되었고 밖에서는 청와대 경호실 요원과 중앙정보부 요원들 사이에 총격전이 벌어지고 있는 사이 김재규는 정보부로 가지 않고 육군본부로 갔다. 박대통령은 등촌동 육군병원으로 후송되었으나 운명하면서 장기집권의 종말이 오고야 말았다.

이어서 김재규를 체포하여 수사하던 보안사령부 전두환이 아버지를 죽인 패륜아는 사형에 처해야 한다면서 수사발표차 TV에 처음으로 얼굴이 나왔다. 첫인상이 러시아 대통령 푸틴처럼 섬찟하여 면도날 같았다. 이후 장충체육관에서 국민회의 대표자들끼리 투표하여 어부지리로 대통령이 되어 체육관 대통령이란 원성을 들었다. 뒤끝이 좋지 않게 세상을 떠난 전두환은 국립묘지는 고사하고 묫자리도 없어 아직도 안장을 못 하고 있다.

박통 시절에는 조선시대 채홍사로 조선의 여자 1만명을 뽑아 연산군에게 진상하던 임사홍처럼 차지철이 박정희의 환심을 사 국회의원까지 될 수 있었다.

전두환은 새마을운동처럼 성과를 거둔 것도 있지만, 5.18 광주사태와 삼청교육대는 생긴대로 섬찟한 면도날처럼 피도 눈물도 없는 짓으로 국민의 원성을 샀다. 삼청교육대는 군부의 권력을 강화하고 사회 통제를 확대하기 위한 목적으로 대다수의 무고한 시민들을 법적 절차 없이 자의적으로 체포하고 가두는 인권 유린의 대표적인 사례이다.

광주사태는 1980년 5월 18일 광주에서 일어난 민중항쟁이며 1979년 박정희 대통령이 시해된 후 권력누수의 기간에 불법적으로 집권을 획책하는 전두환 등 신군부 세력을 거부하고 민주화를 요구하여 일어난 시민봉기다. 광주 시민에게 진압군이 총을 발사하여 수백명의 시민이 사망하였고 부산 마산 부마사태로 전국의 학생들이 일어나 연일 데모에 전두환 정권은 풍전등화였다. 11대, 12대 전두환대통령은 1980년 서울의 봄 으로 시작하여 1988년 9년으로 끝이 나고 물태우란 별칭을 듣던 육사 친구 노태우로 정권이 이어졌다.

 사람의 마음은 환경에 따라 변하듯이 두 친구는 차기 대통령이 된 후에는 서로 앙숙이 되었다.

 1988년 필자 나이 46세 때 효창공원에서 대통령 후보로 나온 노태우의 정견 발표를 들어보러 찾아가 보았다. 관중이 구름같이 몰려들어 발디딜 틈이 없었다.
13대 대통령으로 당선된 노태우
그 후 14대 1993에서 1998년까지 김영삼 대통령에 이어 1998년에서 2003년까지 15대 김대중 대통령이 집권하였다. 김대중 대통령의 정견 발표 때 장충단공원에 참석해 본 적이 있었다. 인산인해를 이룬 가운데 연설이 시작되었고 연신 김대중을 연호하는 군중들에게 답례나 하듯이 연설을 알아듣기 쉽게 참 잘한다는 생각을 하였다.

 김대중 김영삼 김종필 3김시대로 대통령의 꿈은 오만 시련을 겪고 나서야 김영삼 김대중은 대통령에 당선되는 꿈을 이루었다.
 정치적 경쟁자로 생각한 이들은 적을 제거하기 위한 탄압으로 고의적인 교통사고를 내 다리에 장애를 입혔고 또 다시 김대중은 일본에서 납치되고 동해바다에 수

장되어 고기밥이 될 뻔도 하였는데 미국 정보국의 도움으로 구출되었다. 눈을 떠보니 서울 동교동 자택 문 앞에 와있었다. 그 후로는 광주사태 때 사형선고까지 받아 오랜 옥살이를 하면서 준비된 대통령이 되기 위해 꾸준히 독서하여 전화위복이 되었다.

정치 9단 이란 별명을 듣던 김대중은 한반도 평화 정착을 위한 노력을 국제사회에서 인정받아 아시아 최초 노벨 평화상을 받기도 하였고 호남에서 대통령이 처음으로 탄생하다 보니 호남의 정신적인 지주로 지내다 패혈증으로 사망하였다.

그리고 후계자로 부산에서 소외계층의 노무 변호사였던 가난한 노무현과 문재인이 정치에 입문하여 국회의원이 되었다. 전두환 청문회 때 청문 스타로 두각을 나타낸 노무현이 김대중에 눈에 들어 김대중의 권유로 대통령 후보로 입후보하였다.
하지만 이회창과 겨루기는 버거웠고, 여론은 게임이 안 된다고 하였지만, 김대업 병풍 사건으로 이회창 아들 병역비리 문제가 불거져 이회창은 낙선되고 노무현이 16대 대통령에 당선되었다. 결과적으로 보면 정치 9단 김대중의 추천은 빈말이 아니었고 그래서 사람들 사이에 대통령은 하늘이 내린다는 말이 회자 되었다.

노무현은 2003년~2008년 대통령 임기 만5년을 마치고 태광그룹 박연차 회장으로부터의 정치자금법으로 부인은 논두렁 시계 선물로 형님은 뇌물 혐의로 수사를 받게 되었다. 퇴임 후 낙향을 하여 김해에서 살다가 뒷산에 올라가 절벽에서 투신하여 2009년 자살로 생을 마감하면서 전 국민에게 큰 충격을 주었다.

지금까지 내가 8세부터 66세까지 보아온 대통령들의 비운은 인생무상이었다.

이승만은 하와이로 망명하고
박정희는 김재규 정보부장에게 총탄에 맞고
전두한은 옥살이 백담사로
노태우는 형무소로
김대중은 구사일생으로
노무현은 김해 자기 집 뒷동산 절벽에서 자살로

앞으로 등장하는
이명박은 형무소로
박근혜도 형무소로
문재인도 피의자 신분이다.
윤석열은 계엄령으로 탄핵당한 후 재판을 받고 있다.
이재명은 전과 4범에 다섯 가지 형사재판을 받아야

한다.

이래서 청와대는 조선시대 사냥터라 대통령들이 비명횡사하거나 옥살이로 끝난다고 김건희는 청와대를 반대하여 용산 대통령실과 한남동에서 지내고 있었다.

김건희 주변 몇 명의 무속인들의 미신과 허황된 말은 종말론으로 돌아왔다. 또한 윤석열이 느닷없는 계엄령 선포로 자업자득하면서, 윤리가 문란하고 부도덕하여 어린아이들도 배울 게 없다던 이재명에게 앞길을 활짝 열어 레드카펫을 깔아주었다.

비호감도가 높고 전과 4범에 다섯 건의 사법 리스트가 있는 이재명이 대통령이 되었다. 14번째 대통령에게 바라는 국민의 마음은 아마도 지금까지 13명의 대통령과 와는 다른 정책과 행보이길 원할 것이다. 경제회복과 민생안정 등 변화가 올 것인지 기대해 본다.

성질이 얼굴을 만들기 때문에 거친 언행을 하거나 인성이 나쁜 사람들을 보면 인상에서부터 나타난다. 정치인들도 마찬가지다. 그래서 사람의 팔자는 인성에 따라가므로 큰 기회가 주어지기도 한다.
대구 출신 판사 추미애는 김대중 당 대표 눈에 띄어 정치에 입문하여 국회의원이 되어 당 대표 법무부 장관까지 승승장구하였다.
또 TV 아나운서로 근무하던 고민정도 문재인 대통령에게 발탁되어 젊은 나이에 청와대 대변인과 국회의원에 두 번씩이나 당선되는 행운을 얻었다.
사람은 어떤 사람을 만나느냐에 따라서 인생이 바뀌게 된다지만 언제나 실력이 준비되어 있어야 기회를 잡을 수가 있다.

 정치인도 외모가 경쟁력이지만 실력이 더 중요하다. 세상 물정을 경험해 보며 모든 계층을 따뜻한 가슴으로 보듬어 안는 인간미 박정희처럼 국민이 잘살게 만드는 카리스마 그리고 인재를 잘 쓰는 것이 현명한 등용문이다. 국민을 잘살게 하여 영웅 칭호를 받던 박정희도 간신 차지철을 잘못 등용시켜 결국은 둘 다 총격을 당하고 말았듯이 귀인을 만나야 출세를 하고 반대로 간신 만나면 곤두박질치기도 한다.

 통치 지도자일수록 역사책을 다독해야 한다. 옛 성현들의 처세술을 자신에 자양분으로 만들어야 큰일을 무난하게 해낼 수가 있다.
큰 그릇이 못 되고 통이 작아 함량이 부족하면 지도자로서 자격 미달이 된다. 지는 것이 이긴다는 이치를 알고 줄을 잘 타고 넘어 능수능란하지 못하면 박근혜나 윤석열처럼 중도에 하차하게 된다.

   박근혜는 금수저로 태어나 공주처럼 살아와서 최순실 같은 사람을 믿고 의지했다. 그래서 거리감 없이 너무 가까이 두어 국정 문란으로 탄핵 되었고, 윤석열 또한 금수저로 태어나 교수 아버지 밑에서 세상 물정 모르고 살아왔다. 그러므로 부친 윤기중옹은 돌아가시기 전 친하게 지내던 광복회장 이종찬에게 우리 석열이가 잘 모르는 게 많으니 잘 돌봐 달라 하신 후 눈을 감았다.
아내 김건희도 우리 오빠가 아는 게 없으니 이해를 해 달라며 명태균을 달랬듯이 준비되지 않고 명예만을 쫓다가 내리막길을 걷게 되었다.

   17대 이명박 대통령은 2008년에서 2013년까지 5년 임기를 채웠으나 옥살이에서 성인병인 당뇨로 투병 중 사면되어 풀려나왔다. 경북 포항 출신인 이명박은 어머님은 생선을 머리에 이고 다니는 행상을 하였다.
가난에 한이 맺힌 그는 시련을 겪으면서도 큰 꿈을 꺾지를 않고 현대건설에 입사하여 정주영 회장의 눈에 들어 상무이사 임원이 되었고, 고려대학 학생 시절에는 박정희를 반대하는 데모를 하다 호적에 적색으로 남았으나 실력이 출중하여 현대건설에서 박정희가 초청하여 칭찬하였던 일화까지 있다.

  필자의 나이 인생 후반전인 60세 때는 이명박이, 70세 때는 박근혜가 대통령이 되었다. 그 후 2017년 19대 대통령 문재인과 2020년 20대 대통령 윤석열을 거치면서 역사의 산증인이 되었다.
사람은 꿈이 커야 한다. 꿈은 큰 만큼 이루어진다. 꿈이 없는 사람은 평범한 민초로 인생길에 남게 될 것이다.

  나와 같이 42년생 중에는 미국 전직 대통령 바이든과 북한의 최고 권력자 김정일, 그리고 삼성그룹 이건희가 있다. 김정일은 아버지 권력을 세습 받아 북한을 통치하다가 가족력인 혈관질환 뇌졸중으로 70세에 사망하였다. 이건희도 수십조 원의 재산이 있어도 80세 전에 성인병으로 사망하였다. 제아무리 큰 권력자나 대기업 재벌이라도 수명만큼은 권력과 돈으로는 살 수가 없다.

  머리와 돈은 빌릴 수 있어도 건강은 빌릴 수가 없으므로 인생길에서 가장 중요한 것은 건강이다.
돈을 잃는 것은 조금 잃는 것이며,
명예를 잃으면 많이 잃는 것이고,
건강을 잃으면 전부를 잃는 것이다.

권력자나 재벌들은 산해진미만 먹고 움직이는 운동이 부족하여 노화가 빨리 온다. 중국의 황제들은 3천 궁녀를 거느리기 위해 마약을 상습적으로 복용하였다. 그 결과 몸은 망가지고 수명은 짧아져 40대 전후로 단명하였다. 현대의 권력자나 재벌들은 자택 문 앞에 차를 타고 사무실 현관 앞에서 내리므로 걸을 시간이 없다.

음식은 나쁜 음식이 없다. 골고루 먹어야 하므로 때로는 악식(惡食)을 먹는 것도 좋다. 보리밥, 라면, 짜장면 등등. 품위에 걸맞지 않는다고 악식을 피하는 것은 좋지 않다. 오히려 편식하면 혈관질환, 뇌혈관, 심장질환에 걸려 사망하는 원인이 된다.

대통령이나 재벌들도 우리와 똑같은 사람들이다. 다만 큰 꿈을 향하여 한발 한발 성실하게 실천에 옮겨 정상에 오를 수가 있었다.
이런 진리를 느끼고 깨닫기 위해서는 역사소설을 늘 옆에 끼고 다니며 수시로 읽어야 한다. 그래야 친구들보다 시간이 흐를수록 차이가 벌어지게 되는 것이다.

우리는 대통령 친구나 재벌 친구가 있다고 해도 만날 수가 없는 이유는 그들은 비서가 계획해 놓은 스케줄 때문에 늘 일정이 빠듯하기 때문이다. 전화도 중간에서

비서가 알아서 차단하거나 변명으로 따돌린다. 그렇게 괄시한다고 서운해 해서도 안 된다.
친구가 큰 인물이 되면 사소한 일에는 시간이 모자라서 소원해질 수밖에 없다.

　대통령의 임기가 5년 단임제이므로 앞으로도 몇 명의 대통령을 맞이하게 될지 모르겠으나 지금까지 14명의 대통령보다는 더 훌륭한 지도자가 나와 국민으로부터 존경받고 역사에 길이 빛났으면 좋겠다.
우리나라 국민은 가장 존경하는 인물인 세종대왕이나 이순신 장군처럼 훌륭한 인물을 만나고 싶어한다.
도덕적이고 청렴결백하며 지저분한 전과 기록이나 사법 리스크가 전혀 없는 아주 깨끗하고 흠이 없는 그런 대통령이 되어야 국민이 따를 것이다.

　대통령이기 전에 사람이 먼저 되어야 한다. 자신의 안위와 영달(榮達)만을 위하여 사리사욕이 많은 대통령에게는 결코 기대할 수가 없다.
나라가 발전하려면 보수, 진보, 좌파, 우파, 영호남 지역 정당을 떠나 인물 본위의 대통령다운 인물이어야 한다.

　정치인들이 밥그릇 싸움으로 국민의 눈살을 찌푸리게

하고 이득만 본다거나 물불을 가리지 않고 대가리 터지게 싸우면서 말만 번지르르하게 하고 입만 벌리면 거짓말로 일관하는 지도자가 되어서는 안 된다.

그런데 국민이 이런 흠을 보지 못하고 맹목으로 지지하는 것은 정치 수준이 후진국 수준이기 때문이다. 영호남에서는 당 공천만 받으면 지팡이만 꽂아 놓아도 당선이 되는 풍조다. 그러니 당대표에게 공천을 받기 위해 오만 수단을 동원한다.

정치인은 인물 본위로 선택되어야 한다.
1. 사회 경험이 많은 사람
2. 좋은 정책을 내놓고 실천할 수 있는 사람
3. 청렴결백하여 국민에게 본보기가 될 사람
   대략 이런 사람에게 표를 던져야 한다.

3. 유명인들 여자 수난

　지금까지 평생동안 역사적인 사건을 보고 들은 대로 열거해 보았다. 산전수전 다 겪고 험난한 인생길을 걸어오면서 나이에 따라 변화하는 과정은 어쩔 수 없는 듯하다.

　그동안 격동의 시대를 보내면서 우리는 10년마다 어떻게 변화해 왔는지 역사적인 사건은 어떤 걸 목격해 왔는지 살펴보고자 한다.

　10대는 배우며 자란다
　20대는 결혼을 하여 가정을 이룬다
　30대는 부모에게서 분리하여 자립한다
　40대는 자기 앞가림을 가려 자기 얼굴에 책임을 진다
　50대는 철이나 뜻을 아는 때다
　60대는 모든 말과 뜻을 이해하는 때다
　70대는 자기 뜻대로 하여도 어긋남이 없다

80대는 유유자적하며 보낼 때다
90대는 백세를 바라보게 된다

남성은 6년 주기로 변한다.

 6세가 되면 걷지 않고 깡충깡충 뛰어다닌다
12세가 되면 사춘기로 몽정하기를 시작한다
18세가 되면 정력이 가장 왕성할 때다
24세가 되면 성장이 멈추고 노화가 시작된다
30세가 되면 결혼을 하여 가정을 이룬다
36세가 되면 사회생활이 열정적이다
42세가 되면 불혹의 나이로 자기 얼굴에 책임을 진다
48세가 되면 안정적인 터전을 잡고 산다
54세가 되면 남성미가 가장 보기 좋은 나이다
60세가 되면 환갑이 되어 정년퇴직을 한다
66세가 후반전 제2의 인생으로 노인이 된다
72세가 되면 곱게 익어간다
78세가 되면 기대수명이 끝나는 나이다
84세가 되면 나도 늙었구나가 확실해진다.
90세가 되면 백 명 중 5명만 살아남는다

여자는 7년 주기로 변한다

7세가 되면 치아가 고르고 머리는 검다
14세가 되면 초경을 하여 수태가 가능하다
21세가 되면 여성의 성장이 멈춘다
28세가 되면 S라인에 완숙한 몸으로 결혼을 한다
35세가 되면 성능력이 최고조에 달한다
42세부터 수태가 잘되지 않는다
49세는 갱년기로 생리가 멈춘다
56세부터 완경기로 여성의 임무을 다한다
63세부터 할머니 소리를 들으며 노년이 시작된다
70세는 주름은 자글자글 허리는 굽어진다
77세부터 몸이 안 아픈 데가 없게 된다
84세면 기대수명이 끝나고 걷기도 힘이 든다
91세면 파파 할머니로 곱게 익어간다

자연도 3개월마다 네 번이 바뀌어 사계절이 있듯이 인생에도 30년마다 네 번의 큰 변화가 있다.

  봄은 10, 20, 30세 때로 새싹이 돋고 꽃이 피고 열매를 맺는 시기로 봄과 같다.
  여름은 40, 50, 60세 때로 이글거리는 태양열 속에 오곡이 익어가는 것과 같다.
  가을은 70, 80, 90세 때로 추수 후 나뭇잎이 다 떨어진 앙상한 나뭇가지처럼 쓸쓸히 서 있는 것과 같다.

겨울은 100, 110, 120세 때로 눈보라 치는 추운 겨울처럼 들어앉아서 두문불출하는 것과도 같다.

우리 인간은 엄마로부터 태어나면 엄마와 분리된다. 하나의 개인으로 태어나 인생길을 걷게 된다.

미래의 여정을 걷다 보면 소도 보고 닭도 보듯이 필자의 자서전 1권 <천태만상>처럼 별의별 일들과 각양각층의 군상들까지 직간접적으로 경험하게 된다.

급성장하던 유일한 대권 후보감도 하루아침에 벼랑으로 곤두박질치기도 하고 아니면 명예가 추락 되는 것이 두려워 극단적 선택으로 하나뿐인 목숨을 쉽게 끊는다. 우선 스스로 만든 자업자득이기도 하고 적에게 빌미가 되어 제거되기도 한다.

충남지사 안희정은 이재명보다 대권후보로 한 수 앞서 있었다. 문재인 다음 유력한 대권 주자였었는데 물거품이 되고 말았다. 충남 도지사 안희정(64년생)은 비서 김지은(33세 이혼녀)과 2017년 7월부터 다음 해 2월까지 7개월 동안 총 열 번에 걸쳐 성관계를 가졌다.

그런데 난데없이 아닌 밤중에 홍두깨처럼 안희정은 비서인 김지은으로부터 고소를 당했다. 고소장 죄목은 위계에 의한 성폭행이었다. 피고소인 안희정은 어이가 없었다. 고소인 스스로 마포의 오피스텔까지 와서 합의된 성관계였는데 성폭행이라니 억울하였다.

민사로도 그녀는 3억 원의 배상 소송을 냈었으나 재판부는 8,300만 원의 배상 판결이 나왔다. 그러나 안희정은 항고장을 내지 않았다. 그러자 김지은 원고는 충남도청에도 손해배상 3억 원 소송을 내었다.

형사재판은 2019년 9월 대법원에서 징역 3년 6개월에 10년간 피선거권이 박탈되었다. 앞으로 2029년까지는 정치에 끼어들 수가 없게 되었고 2022년 안 지사는 형기를 채우고 여주 교도소에서 출소했다.

안희정 부인 민주원씨는 남편과 김지은이 나눈 문자 전문을 공개했다. 민씨는 해당 문자를 근거로 남편이 성폭력을 한 게 아니고 불륜한 거라고 주장했다.
공개된 문자는 논란이 되었다.
안 지사가 담배나 맥주를 사오라는 핑계로 호텔로 부르면서 성폭력을 저질렀다는 김지은의 주장을 민주원씨는 인정하지 않았다.

민주원씨는 법정에서 치욕스러운 상황 가운데 다음과

같이 법정 증언을 해야 했다.
제가 지켜야 할 자식들이 있기 때문입니다. 눈물을 참고 손가락에 멍이 들도록 손을 움켜잡으며 제 명예를 걸고 한 증언이 피고의 아내라는 이유로 배척을 당했습니다. 김지은씨가 저에게 사과한 통화내용도 있는데 저의 주장이 왜 배척을 당하는지 정말로 궁금합니다. 저의 증언이 재판에서 충분히 검토되었는지 다시 묻고 싶습니다. 남편 안희정과 불륜녀 김지은에 의해 뭉개져 버린 여성이자 아내로서 제 인격이 재판부에서 다시 짓밟혔습니다. 저는 제 명예를 되찾기 위해 다시 글을 올립니다.

김지은이 법정에서 거짓말이 인정되는 것만은 그냥 넘어갈 수가 없습니다. 김지은의 말은 거짓말입니다. 세 번째 성폭력을 당했다고 주장한 날 밤 남편과 그녀가 나눈 문자를 보았습니다.
저는 그 문자를 보았을 때 치가 떨렸습니다.
두 사람은 연애를 하고 있었습니다.
해외 출장 중 각방에 있다가 9월 4일 새벽 1시경 남편이 김지은에게 문자를 보내자 그녀는 기다렸다는 듯 네! 하고 답장을 하고 슬립만 입은 채로 남편의 방으로 왔습니다. 그러면서도 재판정에서 김지은에게 무슨 옷에 무슨 신발을 신고 갔느냐고 묻자 기억이 안 난다며 대답하지 못했습니다.

 다른 건 다 기억하고 구체적으로 진술을 하면서 성폭행을 당할 때 무슨 옷을 입었는지 기억을 못 할 수 있습니까? 그런 거짓말을 왜 모두 믿어주는지 모르겠습니다. 그런 사람 말을 왜 무조건 믿어주는 것이 이해가 안 됩니다.

 해외 출장에서 귀국하여 돌아온 날 김지은은 이런 카톡을 보냈습니다.

 지은 : ㅋㅋㅋ 스위스 다녀오고 선 덜 피곤해 보여요. 뿌듯해요. 정말 고생 많으셨어요.
 안 : 나보다 지은씨가 고생이지.
 지은 : ㅋㅋㅋ 그러게요. 이게 즐거운 데 뭘 어쩌겠어요. 제 마음이 그런걸요.
 안 : 오래 가길 바래.

 성폭행당했다는 여자가 뿌듯하다고 즐겁다는 문자를 보냅니까? 이랬던 여자가 상대를 성폭행으로 고소를 합니까? 이 기막힌 거짓말을 어떻게 하면 좋겠습니까?

 수행비서와 해외 출장을 4일동안 다녀오면서 나는 김

지은씨가 남편을 무척 좋아하고 있다는 느낌을 받았습니다. 여자의 육감이라는 게 있잖아요. 지지자로서 좋아하는 것 이상의 느낌이 확실히 들었지만, 증거가 없으니 뭐 어쩔 도리가 없었습니다.

그녀는 무서운 여자였습니다. 술에 취해 방을 잘못 들어왔다고 하지만 석연치가 않습니다. 그런데 그 후 김지은씨 행동이 조금씩 눈에 거슬리기 시작했습니다. 생각해보니 남편과 2번 성관계한 후였습니다.

도지사 관사에 주말에는 손님이 오십니다. 저도 있고 도우미도 있는데 수행비서가 굳이 오지 않아도 되는데 김지은이 지사님 드릴 다과라며 손수 사 가지고 찾아오고 있었습니다. 제 생일도 일요일인데 어찌 알고 제가 좋아하는 비누를 사가지고 와서 선물을 주고 가는 것이었습니다.

생각해보니 남편과 성관계가 있었던 이후였습니다. 안지사 일정 중에는 부부동반으로 참석하는 행사도 있었습니다. 밤이 늦어 운전기사나 김지은에게 꼭 수고했다고 인사를 하면 기사분은 같이 인사를 하는데 김지은이 대답도 안 하고 못 들은 척하는 것이 꼭 라이벌에게 질투를 느끼는 느낌을 받았습니다. 나는 기사분께 고생하셨다고 인사를 하고 김지은 비서에게도 인사를 하면 못 들은 체하며 딴청을 부리는 것이 한두 번이 아니었습니다.

처음엔 못들을 수도 있지 하고 이해를 하였으나 계속 반복되자 일부러 그런 게 아닌가 의심이 들었습니다. 가끔은 우연히 마주치는 일이 있으면 저를 못 본 척하였습니다. 드러내고 나를 무시했습니다.

좋아하는 남자의 아내에게 질투가 과하거나 굴러온 돌이 박힌 돌을 빼낼 때 하는 행동같아 성관계가 있었던 것은 전혀 모르고 남편에게는 조심하라고도 했고 비서실장에게 가서 김지은씨가 좀 이상하고 불안하니 살펴달라고 했습니다. 그때 12월이 되면 보직 변경이 될 거라 하여 안심이 되었습니다.

그러나 어느 날 우체국에 가다가 비서실장을 길에서 만나게 되었는데 김지은이가 비서직에서 정무직으로 가게 되자 울고불고하며 술을 먹고는 옆에 누가 있던 말던 우니 기가 막힌다고 하였습니다. 정무직은 승진하는 것으로 봉급도 오르고 하여 비서직보다는 다들 좋아하는데 김지은이는 며칠을 울고불고하니 어떤 의미일까요?

그 후 며칠이 지나 손석희의 뉴스룸에 김지은이 미투하러 나온다는 소리를 듣고 나는 정신을 잃었습니다. 정신을 차리고 나니 안희정으로부터 심한 배신감과 함께 무서운 여자의 한으로 김지은이가 모든 것을 파괴하려 한다는 생각이 들었습니다.

그런데, 감정이 풍부하게 연애하던 사이에서 멀어지니 보복으로 돌변한 상황을 재판부는 받아드리지 않았습니다. 오히려 김지은이 피해를 엄청 입었다고 판단하여 피해보상과 죗값으로 가해자는 실형 3년 6개월에 정치생명이 10년으로 끝나는 상황이었습니다.

그뿐만 아니라 가정은 파탄이 나서 이혼하고 자녀들도 결혼식장에서나 만날 수 있었으니 한 여자로 인하여 인생이 갈기갈기 찢겨진 인생길이 되고 말았습니다.

본 필자도 안희정 김지은 사건보다 앞서 비슷한 사건에 휘말릴 뻔했다. 필자의 사무실에는 홈쇼핑 전화상담 여직원이 30여 명이나 근무하고 있었다. 월급제 사원도 있었지만, 수당제 사원도 있었다. 그리고 포장 발송 관리 사원까지 모두가 여성 사원이었다. 지금도 TV의 홈쇼핑 광고나 보험광고 각종 광고에 걸려오는 상담 전화의 텔레마케터들은 전국에 수십만 명이 다 여성들이다.

자수정출판사와 자수정 홈쇼핑에는 상담원을 공채로 모집하면 수십 명씩 이력서를 들고 면접을 보러 찾아온다. 근무 조건이 오전 10시 출근에 오후 5시 퇴근도 있고 아웃 바운드는 재택근무도 가능하기 때문이다.

입사를 희망하는 분 중에는 대한항공 스튜어디스 출신, 간호사 출신, 심지어는 목사님 사모님도 계시지만, 이혼한 분들이 가장 많이 입사를 원하신다.

그중에서 유독 대표인 필자에게 호감을 갖고 이성적으로 유혹하는 여직원도 다수 있었다. 은근히 추파를 던지기도 하고 노골적으로 술 한 잔 사달라고도 한다. 또는 말은 못 하고 사춘기처럼 가슴앓이를 하며 짝사랑하는 것처럼 보이기도 하였다.

그 당시에 필자가 직감할 수도 있었지만, 전혀 눈치채지 못하였다가 회식 날 2차로 노래방에 가면 '때는 이때다' 하고 만취하여 완전히 무너지고 흐트러져서 안기며 춤을 청한다. 회식 자리를 빌려서 노골적으로 대시하는 것이다.

이렇게 유혹은 여직원이 해놓고 뜻을 이루지 못하면 엉뚱하게 조세법 위반(탈세)으로 국세청에 고발 하며 앙

갚음을 하고는 한다. 무서운 여자다. 이런 여자가 지난 추석에 선물까지 사 들고 집에까지 온 적이 있었는데 만약에 자기 뜻대로 이루어졌더라면 가정까지 쳐들어와서 깽판을 칠 여자다.

나도 이런 경험이 있었기에 재수 없이 걸려든 안희정이가 재판을 받는 동안 나는 무죄가 확실하다고 믿었지만, 결과는 구속이었다. 고소를 당하면 남자만 불리해지는 게 법이다. 아니 여자에게 인기 있는 남자를 법관도 남자다 보니 질투가 나서 괘씸죄로 판결이 내린 게 아닌가라는 생각이 든다.

아무리 봐도 둘이 눈이 맞아 연애 중인데 도지사라 하여 엄벌에 처해졌으니 처참하게 도륙당한 기분일 것이다. 그럴 땐 고소장 민원이 들어가기 전에 막아야 한다. 아니면 경찰서 조사 과정에서 합의가 되어 고소 취하가 되어야 한다. 여기에서 막지 못하고 검찰까지 송치되면 더이상 법원에 기소되어 재판까지 가지 않도록 하여야 한다.

네 번의 기회가 있었는데도 더럽더라도 꼬리를 내리고 무마가 되지 않았다면 재판 결과에 후회하게 하는 게 대다수다. 자존심에 해볼 테면 해 봐라하고 고개를 뻣뻣이 들고 때늦게 대응을 한들 버스 떠난 뒤 손드는 격이다. 법은 한 계단씩 높아질수록 옥죄어 오게 되어 있다.

피해자들이 법적으로 나오는 것은 피해 보상금 때문이다. 그 다음이 진심어린 사과다. 한 치 앞을 내다보는 지혜가 있었더라면 피해금도 덜 들고, 변호사 비용도 필요 없었을 테고, 시간도 절약되고, 명예도 실추되지 않았을 것이다.

다른 것도 아니고 여자와의 성관계는 감추어졌을 때는 미화되지만 까발려지면 자신의 망신은 물론 집안 망신에 자녀들 앞에서조차도 체면이 말이 아니다. 그래서 지도자 위치에 있는 사람일수록 성폭행 사건에 걸려들면 처음에는 모함이다, 허위고소다, 하면서 극구부인 하다가 합의 볼 기회를 놓치고 만다.

경찰이나 검찰 조사를 받으러 오라고 하면 그때서야 사면초가가 되니 극단적 선택을 하여 귀중한 생명을 버린다.

부산의 장성만(32년생)은 국회 부의장을 지냈으며 부산에 그리스도의 교회인 동서대학을 설립한 부자였다.

그에게는 배우자 박동순(39년)과의 사이에 태어난 차남 장제원 (67년생)과 손자 가수 노엘 장용준(2000년생)이 있다.

차남인 장제원은 10년 전 여비서로부터 고소를 당하는 사건에 휘말렸다. 여비서는 강간을 당했다며 강간당한 날 해바라기센터에서 관련 검사를 받았고 그 내용이 국과수 감정 결과지에 담겨 있었다.

또한 촬영된 영상도 있었는데 장제원이 여비서 이름을 부르며 심부름을 시키는 상황과 성폭행을 시도하는 상황, 피해자가 훌쩍이는 목소리, 장 의원에게 응대하는 것까지 담겨있었다. 여비서는 2015년 11월 18일 강간을 당하던 호텔 방안을 증거로 남기기 위하여 동영상을 촬영해 보관해 두었다.

이를 증거로 수사기관에 제출했는데 국과수 검사 결과는 피해 여성의 신체에 상처와 몸속과 속옷에서 남성 유전자가 검출되었다고 적혀 있었다. 그리하여 장제원은 준강간 치상죄로 수사를 받게 되었다. 명예가 실추된 장제원은 2025년 3월 31일 밤 서울 강동 오피스텔에서 숨진 채 유서와 함께 발견되었다. 유서에는 [가족을 사랑한다 미안하다]라고 써있다고 전해졌다. 피해자

여비서는 가해자가 공소권 없음으로 끝나게 되어 피해보상은 받지 못하게 될 것으로 보인다.

　서울경찰청은 2025년 3월 28일 장제원을 강간 혐의로 소환해 조사했다. 비서인 강간 피해자도 왜 10년 전 사건을 이제야 고소했는지도 조사했다. 대학 부총장으로 다니다 국회의원에 출마한 장제원은 선거 포스터를 촬영한 날 회식 후 성폭력이 이루어졌다고 한다.

　옛부터 남자는 세 가지를 조심해야 한다고 좌우명으로 삼으라고 하였다.

1. 입으로는 말조심
2. 주먹으로는 폭행 조심
3. 성기로는 여자 조심이다

　한번 뱉은 말은 주워 담지 못하므로 무심코 한 말로 발목 잡히면 목숨을 잃기도 한다.

　맞은 사람은 발 뻗고 잠을 자도 때린 사람은 잠자지 못한다. 폭행죄는 죄가 크므로 그만큼 섣부르게 한 행동으로 인생을 망칠 수 있다.
　여자 조심은 지금까지 보아왔듯이 자제하지 못한 순

간의 쾌락이 인생을 좌우한다.

필자는 지금까지 이런 일에 휘말려 본 적이 한 번도 없다. 말수가 적으니 말실수가 없고, 감정조절을 잘하여 참으니 다투지 않는다. 또한 여자 문제로 시끄러워본 적이 없다. 이런 것이 사업가들의 연애 근육이다.

이탈리아의 카사노바가 유명한 것은 150명의 여자를 섭렵하였으나 단 한 번도 그녀들로부터 원망을 들어본 적이 없었기 때문이다. 카사노바의 처세술은 상대방 파트너에게 침대 위에서도 예의를 지키며 언제나 신사도를 지키는 매너였다. 그러니 적이 되어 싸우려는 여자가 없었다.

인권변호사 박원순(1955년생)은 2020년 사망까지 서울시장과 동시에 성폭력 변호사이기도 하였다. 그 당시 유력한 서울시장 후보였던 안철수가 더 큰 대권에 꿈이 있어 서울시장 자리를 박원순에게 양보하여 박원순은 손쉽게 서울시장에 당선되었고 재선으로도 이어졌다.

어느 날, 서울시장 소임을 잘해나가던 박원순이 느닷없이 비서와의 성추행 사건이 경찰에 접수되자 언론에서 대서특필하여 장안이 떠들썩하였다.

성추행을 당했다는 피해자인 비서가 박원순과 주고받은 텔레그램 문자를 공개하였다. 하지만
비서가 '사랑해요'라고 박 시장에게 보내자 박 시장은 '빨리 시집가야지' '내가 아빠같다' 한점으로 볼 때 성추행은 결코 사실이 아님을 알 수가 있었다.

상사에게 선을 넘어 접근하는 이성 직원은 아무리 충실해도 거리를 두어야 하는데 세상 물정이 어두워 잘 모르는 박 시장은 여비서의 과도한 접근을 차단하지 못한 게 천추의 한이 되었다.

여비서가 '사랑해요. 꿈에서 만나요. 꿈에서는 마음대로. ㅋㅋㅋ 굿밤 시장님 ㅎㅎㅎ'
손뼉도 마주쳐야 소리가 나듯이 젊은 여직원이 아버지뻘 되는 상사에게 유혹하며 꼬리 쳤다고밖에 볼 수 없다. 이것은 여비서가 시장님을 상사가 아닌 하나의 남자로 유혹하며 꼬리 치는 수법으로 보였다.

박 시장은 지위가 낮은 어린 직원에게도 하대하지 않았다. 박 시장은 '내가 아빠같다.'고 하니 여비서도 '맞아요. 우리 아빠'라며 화답했다.
별거 아닐 수도 있고 오해받기 딱 좋은 관계일 수도 있다. 인권위는 성적 언동은 성희롱에 해당한다고 판단하

였다. 박 시장의 자살로 공소권 없음이 되었지만, 죽은 자의 명예를 살리려고 박원순의 배우자는 행정법원에 증거를 포렌식하여 제출하였다.

여자가 꼬리치니 순진한 남자도 발동이 되었던 관계로 기각되었다. 법원에서는 여비서 정씨에게 박 시장이 시장실 샤워실로 속옷을 가져오라고 한 점, 속옷 차림의 사진을 보낸 점, 비서의 몸매가 좋으니 사진 보내란 점, 남자를 알아야 시집을 잘 갈 수 있다고 한 점을 들어 여비서가 준강간 치상의 피해자라며 법원은 정비서의 손을 들어주었다.

신체접촉이 일체 없었더라도 성추행 문자로 받아들여 정비서가 상당한 정신적 고통이 인정된다며 일반적인 사례와는 거리가 먼 판결이었다.

박원순은 1993년 성희롱 사건 변호인일 때 성추행은 불법이라는 것을 세상에 알리던 사람이라서 더욱 아이러니한 일이 되고 말았다.
어쨌든 박원순과 장제원이 사망함으로써 공소권 없음이 되었으니 고소인들은 닭 쫓던 개처럼 하늘만 쳐다보게 되었다.

얻은 것은 없이 자신의 치부만 드러내는 것보다는 조용히 합의가 이루어졌다면 누이 좋고 매부 좋은 일이지 않았나 싶다.

미투가 있기 전에는 여성들이 성추행 성폭력을 당해도 드러내기가 두려워 숨겨왔던 일들이 지금은 용기 내어 드러내 많은 피해를 줄일 수 있었다. 하지만 간혹 미투를 악용하는 자들로 인해 억울한 남자들의 비극이 만연해지는 추세이니 무고죄와 더불어 개인적 피해보상, 정신적 피해보상도 강화되어야 할 것이다.

박원순 이어서 오거돈(48년생) 부산시장은 2018년 6월에 당선된 뒤 11월에 부산시 젊은 여직원을 강제 추행하고 3개월 후 1월에 또 추행하려다 미수에 그친 혐의로 2021년 1월에 기소되었다.

하지만 오거돈은 71세 때 노망이 나서 또 다른 여직원을 추행한 혐의로 2021년 6월 1심 재판을 받아 징역 3년이 선고되어 법정구속 됐다. 오거돈은 76세 고령의 나이로 부산 교도소에서 만기 출소하여 3년 만에 나왔다.
오거돈의 범죄는 두 여직원에게 강제 추행을 하다가 상해를 입히고 스트레스를 받게 하여 죄명이 '강제 추행

치상죄'다.

오거돈은 2020년 4월 강제 추행 사실을 고백하고 부산 시장직에서 물러났다. 노년에도 성욕은 변하지 않는 본능이라 하지만 그렇다고 지위를 앞세워 수치심을 갖게 하는 일은 있어서는 안 된다.

직장에 출근하는 젊은 여성의 짙은 화장과 짧은 치마의 과다한 노출은 남자들에게 나이를 불문하고 마음을 흔들리게 한다. 그러기에 남자는 자극하는 것을 자신을 유혹하는 거로 착각할 때가 있다.

여성들은 남자는 시각적인 것에 민감하다는 사실을 명심하여야 한다. 남자는 젊고 예쁜 여자에게는 순식간에 흥분되기 때문에 성범죄가 끊이지 않고 있다는 것을 알아야 하며 그러므로 옷차림을 지나치게 과다 노출하지 않는 것도 예방하는 방법이다.

지위가 제아무리 높다 하더라도 조선시대 왕도 아니고는 70대 노익장이 언감생심 20대 여성을 넘보려 하고 그것도 하나도 아니고 둘씩이나 추행했으니 노망이 들지 않고서야 있을 수 없는 일이다. 자제력을 잃은 것은 옥살이를 자초한 자업자득이라고 볼 수 있다.

나이가 70, 80대는 정력이 약해 마음만 있지 기립되지 않아 양기가 입이나 손으로 오른다. 그래서 욕심도 못 채우고 패가망신만 당하니 저세상으로 갈 날이 점점 다가오고 있다는 전조 증상의 신호다.

JMS 교주 정명석(45년생 80세 충남 금산)
하늘궁 교주 허경영(50년생 75세 경기도 가평)

이 두 교주는 신도들을 어떻게 홀려 놓았는지 나쁜 짓을 하여도 신도들은 그럴 리가 없다며 믿으려 들지 않는다. 오히려 교주는 성폭행당한 피해자 여신도들이 돈을 뜯어내려고 허위로 누명을 씌우는 것이라고 말한다.

정명석은 얼마나 세뇌했는지 예수 격인 자신에게 성관계를 통해야 구원받을 수 있다고 하여 스스로 몸을 바치는 여신도들이 있어 섹스교라고까지 칭할 정도다. 그렇게 관계한 여신도는 하늘 신부로 불려서 오히려 그것이 기쁨으로 받아들인다.

정명석 교주를 종교지도자로 서가 아니라 애인으로 보게 하는 사악한 교리다. 정교주가 여신도에게 애인처럼 다가가도 하등 문제행동이 아닌 것으로 위장된다.

뭐 이런 사교에 여신도가 몰려들고 있다니 한심한 일이다. 어리석은 아녀자는 그에 따르고 고학력자 여대생들은 뛰쳐나와 고발에 이르렀다.
정명석 한 남자에게 수많은 여신도 모두가 다 애인이다. 정교주의 애인 시대 교리는 육체적 애인 관계로 발전해야 할 필연성을 갖고 있다.

신부급 구원 애인 교리가 있지만, 이것만으로는 부족하다. 세뇌하기 위해서는 결정적인 한 방이 필요하다. 정교주와 애인 관계를 맺는 것이 하나님을 사랑하는 것이란다.

JMS교 정명석에게서 탈퇴 후 폭로한 여신도는 다음과 같이 말하였다.

그룹 섹스까지 하였으며 그는 메시아다. 그는 예수의 영을 입은 육체의 사명자다. 그렇다면 그와 사랑을 나누는 게 맞는 거다. 그녀는 정교주에게 당하고는 항의을 했다.

'아니 이게 주님이 할 짓입니까?' 정교주의 반응은 가관이었다. '나는 육신을 입고 온 예수야. 네가 예수 앞에서 따질 수가 없어 회개해' 오히려 그녀는 꾸중을 들었다.

그리고는 한마디를 더 했다. '이건 너와 나만이 아는 천기다. 누설하지 말아라' 기가 막혔다.

금산에 있는 그곳은 수천 명의 신도가 집단으로 공동생활을 하고 있으며 정교주에게 '주님 여보'라고 외치는 모습은 애인 교리가 그릇된 사악한 교리인 것이다.

이곳에서 무려 20년간 있다가 이탈한 그녀는 정교주를 애인 신부처럼 믿어 사모하게 되었다고 한다. 여기서 더 난잡한 일이 벌어지고 있지만 적절치 않아 피하기로 하며 여성들은 함정에 빠져들지 않도록 조언을 드리는 바다.

2년 동안 지내다 탈퇴한 여인은 정명석 교주와 단둘이 있을 때는 호칭을 여보 아니면 오빠라고 부를 때도 있었다. 그뿐만 아니라 정교주 이외 다른 남자를 생각하는 건 죄로 여겨지기 때문에 정교주를 메시아로 삼고 지내왔다고 털어놓았다.

바야흐로 타락의 종말은 2022년 조두순보다도 더한 정명석을 여신도 14명에서 17명이 고소하여 재판 결과 징역 17년형이 확정되었다.

경기도 양주시 장흥면 하늘궁 교주는 대통령 후보 단골이며 박근혜와 결혼할 거라며 허위 사실로 명예 훼손한 허경영에 대해서 알아본다.

이번 선거에는 자격정지를 당해 5년간 출마할 수 없다. 그는 축지법을 씀으로써 날아다닌다는 기인이다. 영성상품을 터무니없이 비싸게 신도들에게 팔아 거액의 부자가 된 하늘 궁 교주다.

그런데 이번에는 또 준강제 추행 혐의를 받고 있다. 10년간 피 서거권이 제한된 허경영은 나는 삼성그룹 이병철 회장의 양자이고, 박정희 대통령의 비선 정책 보좌관이며 박근혜와 결혼하기로 하였다고 허위사실을 유포해 1년 반 실형을 살기도 하였다.

그런데도 신도 수는 꾸준히 증가하여 재산은 5백억대로 불어나 있으며, 현재도 하늘 궁 재산은 꾸준히 증가하고 있다. 그는 아내와 3남 1녀의 자녀를 두었지만 숨기고 있다.

그런 75세의 교주가 여성 신도를 성추행해서 수사를 받고 2025년 5월 16일 구속되었으니 성 문제는 나이 불문 지위 고하를 막론하고 끊이지 않고 있다.

이어서 본 필자가 자수정 홈쇼핑을 운영하면서 고령인 고객의 하소연을 들어주고 고맙다는 인사를 수도 없이 받은 이야기와 홈쇼핑을 경영하는 30년 동안 30만 명의 고객과 상담한 스토리는 봄이 다시 오듯 젊어지는 <회춘비결>에 이어진다.

4. 우리 가족이 형성되다

고향에서 20년을 살다가 군대 3년을 마치고 나는 고향에 돌아가지 않고 야간대학에 복학하기 위해 서울로 올라왔다. 하지만 눈앞에 떨어진 현실 때문에 취직을 해야만 했다.

신문광고 나온 공채를 보고 입사 후 낮에는 출판사에서 밤에는 복학한 학교를 다녔다. 출판사를 다닐 때 대구에서 대학을 졸업하고 취업했던 지금의 아내를 만나 부부의 연을 맺었다. 없는 살림에 처음엔 동거를 하다가 결혼을 하여 2남 2녀를 두면서 가정을 이루었다.

자녀들이 속썩이거나 자식들 때문에 골치 아파본 적이 한 번도 없었다. 우리의 화목한 가정은 여느 집처럼 2년 터울이라 상급생인 큰 아이가 동생들의 가정교사 노릇을 하였다. 이래서 큰딸은 살림 밑천이란 말이 이를 두고 한 말이었나 보다.

특히 둘째 딸 선영이는 늘 우등상을 타더니 마포 서울여고에서는 학생회장, 대학에서도 역시 장학생으로 대학 방송반 활동을 하다가 4년 졸업 후 영국 유학길에 올라 영화학 공부를 마치고 5년 만에 귀국하였다.

이때만 하더라도 딸 해외 유학 보낼 형편이 되었다. 재산이 없으면 여권이 안 나오던 시절에 잔고증명을 떼고 등록금과 매월 300만 원씩 송금할 수 있는 능력이 있었다. 영국은 물가도 비싸 300만 원 가지고는 부족하여 선영이가 영어를 잘하니 병원에서 아르바이트를 하며 학비에 보태었다.

유학 중 영화에 관한 공부를 열심히 하더니 졸업 후 귀국하여 한국 종합 예술 대학(한예종)에서 석사학위를 받은 후 모교에서 강의하면서 수시로 직접 시나리오를 썼다.

그리고 영화(폭로:눈을 감은 아이)감독으로 스타급 배우를 오디션 보아 배역에 적합한지 개성 있고, 색깔에 맞게 선정하였다. 배우, 스텝, 엑스트라까지 무려 천명 이상의 인원을 선정하였으며 전 감독이 메가폰을 잡았다.

러닝타임 90분짜리 상업 영화이다 보니 많은 자금이 들었다. 배우 개런티, 촬영비, 소품비, 운영비 등등 약 50억이 투자되었으며 후반 작업인 효과나 음악, 음향작업, 해외영화제에 출품하기 위한 더빙작업까지 많은 시간이 소요되었다.

여러 지역에서 많은 씬을 찍다보니 경비도 시간도 그렇지만 모든 스탭이 고생하고 정성스럽게 만든 작품이다. 특히 눈보라 치는 엄동설한에 야외에서 더구나 야간 촬영 시는 더욱 힘들어 모든 스탭이 녹초가 된다.

제30회 부산 국제영화제에 200여 편의 국내외 작품이 출품되어 상영되었고, 전 감독이 운영하는 영화사 이심전심의 '폭로'는 연일 관객이 만석이 되었다. 영화가 끝나면 관객들의 기립 박수를 받을 만큼 좋은 평가를 받았다.

'폭로'는 2024년 10월에 열린 부산 영화제에서 열흘 간 상영된 후 2025년 4월에는 이탈리아 피렌체 영화제, 벨기에 브뤼셀 영화제에 초청되었으며 그 중 로마에서 열린 아시안 필름 페스티벌과 브뤼셀영화제에서는 신인 감독상을 수상하였다. 그리고 이어서 6월에는 브라질영화제, 7월에는 뉴욕 영화제에 공식 초청되어 작품성과 연출력을 국제적으로 인정받았다.

 한국보다 유럽의 영화는 한 수 위에 있으므로 마음을 놓을 수 없었다. 그러나 막상 스크린에 '폭로'가 뜨자 만석으로 세계에서 모여든 관객들은 숨을 죽이며 스크린에 홀린 듯 집중하며 숨소리조차도 없이 물을 끼얹은 듯 조용해졌다.

 중간중간 스릴감 있는 장면이 나올 때면 와! 하며 일제히 감탄사가 터져 관객은 하나로 뭉쳐져 있었다. 숨막히게 하는 박진감은 손에 땀을 쥐게 하더니 시간이 어떻게 지났는지도 모를 정도로 1시간 30분이 흘렀다. 아쉬운 듯 관객들은 역시나 기립 박수로 화답을 하며 감격하는 모습이 확연하였다.

 전 감독이 그동안 노력한 결과가 줄줄이 이어져 많은 스펙을 쌓았으니 국내에서도 상영을 준비 중이다.
전 감독은 노트북과 스마트폰을 항상 가지고 다니면서 일상에서 보고 느낀 것들을 메모한다. 시나리오와 영상 작업을 위해 책도 수시로 읽는다.

 시나리오를 쓰고 또 수정하고 그리고는 또 교정하느라 본가에 와서도 늦은 밤까지 노트북과 씨름하고 있는 것을 수없이 보아왔다.

 아버지인 필자도 신간을 집필할 때 지우고 또 다시 쓰고 하듯이 시나리오는 이보다도 더 수십 번 이리저리 장면을 옮겨놓고 미리 각색해 보며 생각한다.

 전 감독은 독서도 유전인지 필자인 아버지를 닮아서 책을 많이 읽고 글을 잘 써서 시나리오도 직접 썼다. 시나리오와 연출까지 1인 2역 두 가지 역할을 하려면 생각도 노력도 두 배 이상으로 하여야 한다. 더구나 자금이 거금 50억이나 투자되는 것이라 사소한 장면 하나하나를 세심히 챙기며 소홀히 할 수가 없다.

 부모로서 전 감독 결혼이 늦어져서 늘 걱정이어서 본가에 올 때마다 결혼 재촉을 하면 일이 먼저라며 일이 끝나는 대로 생각해본다고 말한다.

 아들을 두면 기차를 타고 딸을 두면 비행기를 탄다고 회자 되는 말들이 있듯이 전 감독은 엄마에게 자신의 카드를 주어 병원비나 외식비 용돈을 카드로 하라고 해 엄마에게 큰 선물이 되고 있다.

 그뿐만 아니라 서울, 강릉, 춘천 3곳에서 대학강의를

하고 있으니 예술대학 제자들이 전국에 살고 있어 제주, 부산, 포항, 울산, 강릉, 호남 등 각처에서 학생들은 전 감독에게 진귀한 지역 특산물을 선물로 보내와 혼자 지내는 전 감독은 본가 집으로 보내 덕분에 늘 좋은 물건이 넘친다.

또 큰딸은 결혼하여 가정을 갖고 직장에 다니면서 엄마의 병원 관리를 철저히 담당하고 있다. 병원 스케줄 표를 작성하고 프린트하여 자신이 한 장 갖고 한 장은 엄마에게 보내온다.

엄마가 고혈압, 고혈당, 고지혈증으로 세 가지 성인병에 시달리고 있으니 3개월에 한 번씩 진료 날에는 이대서울병원으로 온다. 그날 하루는 온종일 엄마의 간병을 위하여 하루를 보낸다.

채혈부터 세 곳의 진료과목 주치의들을 순서대로 모시고 다닌다. 엄마 혼자서는 여러 곳이라 헷갈려 헤매게 되기 때문이며, 주치의가 하는 말을 자세히 듣고 메모를 하여 가족에게 전달해 준다. 약국에 처방전을 제출한 후 점심을 먹고 식사 후 약을 찾으면 라면 한 박스 분량이다. 하루에 30정을 조석으로 나누어 3개월 동안 복용을 해야 하니 성인병은 고생이다.

나는 아내에게 양약은 화학약품이니 독을 해소하기 위해서는 식사 시마다 된장찌개를 섭취하기를 권장한다. 가족력으로 성인병에 시달리니 '이렇게 살아서 뭐하니 너희들에게 짐이 안 되게 빨리 죽어야지'라고 미안해서 말하면 그 소리에 큰딸은 금새 눈물을 왈칵 쏟으며 '엄마 왜 그런 말을 해'라는 것을 보면 효심이 지극하다. 그래서 두 딸은 엄마의 건강에 무척들 긴장하고 있다.

엄마에 대한 그리움과 모녀의 정은 변함이 없기에 진심에서 우러나오나 보다. 자매는 의기투합하여 엄마를 모시며 셋이서 계절마다 일본 온천여행도 다닌다. 국내는 큰딸 승용차로 전국을 여행을 하니 활동을 하니 기분전환도 되고, 운동도 되며 각 고장에서 맛집에서 별미식을 하게 되어 여행은 정신과 육체에 큰 도움이 된다.

딸 많은 천안에 사는 큰 누님은 경찰 고급 간부였던 매형이 정년퇴직하고 60세에 돌연사하셨지만, 아들 하나 없이 딸만 7공주인데도 열 아들 안 부럽게 잘 살고 계신다. 목사 사모가 된 큰딸. 국회의원 며느리가 된 둘째 딸, 사업하는 아내가 된 딸, 그리고 뉴질랜드 이민 가서 사는 딸네로 여행 가면 한 달을 보내고 오신다.

천안독립기념관에 근무하는 딸과 피아노학원을 운영하는 막내딸이 엄마를 모시고 살면서 엄마를 경쟁적으로 효도를 해 행복한 노후를 보내니 남들 모두가 부러워한다.

우리 집 가족은 아들도 둘이나 더 있고 인천의 병민이까지 3형제다. 아들도 딸들 못지않게 잘하여 부모에 대한 효심이 남달리 지극하다. 그런 연유에는 필자인 아버지의 뒤를 보고 자라왔던 것 때문이 아니었나 한다.

필자는 양부님이 돌아가시기 전까지 매월 용돈을 보내드렸다. 60년 전부터 보내드릴 때 10만 원을 봉투에 넣어 고향에 계신 할아버지 댁에 갖다 드리게 하였고 그분들이 고령일 때는 서울로 모셔와 같이 살았다.

그뿐만 아니라 83세 필자의 장모님을 모셔와 10년을 모시는 것이 산교육이 되었으며 두 며느리에게도 친정 부모님을 거리낌 없이 모셔와 지극 정성으로 모시는 것이 딸자식의 도리라고 필자가 가르쳤다.

옛말에 '콩 심은 데 콩 나고 팥 심은 데 팥 난다'는 명언은 자식이 부모를 닮는다는 뜻이다. 부모가 반듯하면 자식도 반듯하고 부모가 흠이 많으면 자식 역시 똑

같이 흠이 많다는 뜻이다.

우리 가정에는 대대로 법을 어겨 옥살이하였거나 이혼하여 파경을 겪거나 또한 싸우거나 눈에 거슬려 손가락질받는 사람이 하나도 없었다. 그런 유전적인 혈통은 가문의 복으로 돌아오나 보다.

명문 대학에 다니는 손녀딸이 하나 있는데 될 성싶은 나무는 떡잎부터 알아본다는 고사성어처럼 싹이 보인다. 할아버지가 독서왕이 되어 소설가로 책을 100권 넘게 쓴 것처럼 고모인 전 감독도 다독하여 시나리오를 쓰더니 이제는 장손인 민기와 손녀인 민서가 독서를 많이 한다.

민기는 군 제대 후 인하대 컴퓨터학과에 복학하였다. 창의력이 뛰어나 앞으로 IT계통에서 두각을 나타낼 것으로 보인다. 민서는 독서와 공부에 맛이 들어 파고들더니 연세대에 장학생으로 입학 후 내내 등록금은 한번도 내본 적이 없다. 그러니 민서는 수재가 틀림없다. 장래에 꿈은 법관이 되는 것으로 판사를 목표로 한다.

대학에서도 교수님들이 법관이 되는 길은 오로지 독서라면서 한 달에 열권 이상의 독서를 권장한다고 한다. 그래서 민서는 친구들과 어울려 놀다가도 계획해 놓은 공부를 하기 위해 집으로 돌아오니 자기관리가 철저하다.

참으로 기특하다. 인물도 반듯한 게 미스코리아 감으로 예쁘다. 모든 것을 알아서 공부까지 잘하니 귀여움을 독차지하고 있다. 귀여움을 받는 건 자신이 하기에 따라서다. 딸은 엄마 닮는다더니 요리 솜씨도 좋고 야무지다.

지금까지 하는 것으로 보면 어린 학생 시절이지만 철이 든 것처럼 대견하다. 모든 것으로 미루어 짐작할 때 법관이 목표인 꿈은 반드시 이루어질 것이다.
독수리가 한쪽 날개만으로는 비상할 수 없듯이 창공을 지배하려면 여성으로서 가정 살림도 완벽하게 해내야 한다.

사람은 얼마만큼 꿈을 갖느냐에 따라 그만큼만 된다. 인생은 청운의 대학 시절 마음먹기에 따라 미래가 결정된다. 미래가 결정되는 가장 중요한 시절에 시간을 헛되게 보내는 것은 멀지 않아 후회될 어리석은 짓이다.

철이 없어 긴 인생길을 생각지 않으며 노는 데만 정

신이 팔리면 안 된다. 공부에는 시기가 있어서 이성 친구와 연애하고 진전되면 마음이 사귀고 있는 이성 친구에게 정신이 다 빼앗기게 되므로 성적은 오르지 않게 된다.

　사람은 한번 결심한 일에 매진하여 끝까지 하고자 하던 일에 최선을 다하는 자만이 성공할 수 있다.

　배운 자와 배우지 못한 자의 차이는 이루 말할 수 없이 크다. 인생을 살아갈수록 두 사람의 차이는 V자처럼 넓게 갈라진다. 그것은 청춘 시절에 결정짓게 된다.

　똑똑하면 자제력이 있어 미래를 생각하여 잘못된 길로 빠져들지 않게 되지만, 그렇지 않으면 잘못된 생각인 줄 알면서도 자제력을 잃고 만용을 부린다.
나중에야 어떻게 되겠지 지금만 즐거우면 된다는 될 대로 되라는 식의 단순한 생각에 불쑥 저질러 놓고 본다. 수준 높은 사람과 저속한 사람의 차이는 단순히 지식이 많고 적음이나 사회적 지위로 구분되기보다는 태도, 사고방식, 언행, 인간관계 등에서 나타난다.

　필자에게는 대구에서 올라와 각자 가정을 이루고 사는 6형제의 처남들이 있다. 나의 처는 오빠가 셋이고 남동생이 셋이라 가운데에 딱 박혀있는 고명딸로 지금까지 57년을 살아온 아내다.

 달성 배씨 집안은 마음씨 좋은 사람들이 많은 게 내력인가 보다. 배씨들의 공통점은 체질이 모두 비만으로 왜소한 사람이 거의 없다. 그래서 성격도 체구대로 가듯이 마음씨가 착한 사람들이 많은가 보다.

 옛부터 성씨에 따라서 특성이 있고 그것도 내력이다. 강씨 고집도 대단하지만 최씨 고집도 앉은 자리에 풀도 안 난다는 심한 말도 있다. 배씨는 반대로 처남들을 보면 착한 마음씨라 아내들에게 약한 게 흠이다. 그래서 6형제 처남들이 모두가 하나같이 공처가 같았다. 이유는 경제권이 아내들에게 있기 때문이다.
 처남의 댁들은 하나같이 생활력이 강하여 아파트도 장만하고 살림도 도맡고, 자녀들도 모두 결혼시키는 대단한 능력들이었다.

 큰처남의 댁은 군산에서 올라와 수도여자사범대학 시절 메이 퀸까지 한 재원이었으며 졸업 후 평택여고 수학 선생으로 재직 시 동국대를 나온 큰 처남과 결혼하였다. 그러나 수의사를 하던 큰처남의 소득이 별 볼 일 없자 처남댁이 선생을 그만두고 강남에 대부업을 열었다. 한마디로 고리에 이자를 받는 돈놀이는 야쿠자나 조직 폭력배나 할 수 있는 일인데 인텔리던 귀부인이 고리대금을 한다니 이해가 되지 않았다.

여자가 그런 일을 할 수 있나 하는 우리의 예상은 빗나갔다. 수학 선생이어서 그런지 그는 별명이 컴퓨터였다. 얼마나 이재에 밝은지 돈놀이는 급성장하였고 주거래 은행이던 국민은행에 나타나면 지점장이 달려 나와 VIP실로 모셨다. 차를 대접하는 동안 은행원이 업무를 봐오면 그때 일어나는데 지점장이 문밖까지 따라 나와 배웅을 한다. 예금액이 많으면 은행에서는 최고의 고객으로 대접을 받는다.

하지만 얼마나 인색한지 시부모가 결혼 시 신혼집도 잠실에 아파트를 마련해 주었는데 노후에 모시지도 않고 생활비도 도와드리지를 않았다. 그 이유는 시동생들이 다섯이나 되는데 다 같은 자식이지 장남만 부모를 모시고 봉양하라는 법이 어디 있느냐면서 거부한 것이다.

아래 동서들은 큰아들이 모시지 않는데 왜 우리가 모시냐며 6형제가 서로 미루었다. 뒤늦게 그 소리를 들은 필자는 아내에게 친정어머니를 우리 집으로 모셔오라고 하였다. 사위인 필자에게 짐이 되기 싫다고 하셨지만,

아내에게 승용차로 짐을 싣고 빨리 모셔오라고 재촉하였다.

　아내는 친정어머니가 며느리들의 푸대접에 서러움을 받는 것을 오래전부터 알고 있었으면서도 친정에 흠 잡히는 일인지라 남편에게는 일체 입을 열지 않았다.
　장대 같은 아들이 여섯이나 되는데 사위 보기에 면구스럽다며 버티고 계셨지만 83세 고령으로 혼자 독거노인으로 계시니 오래 버티지를 못하시고 딸네 집으로 오시게 되었다.

　작은 방 하나에 TV를 놔드리고 사위인 필자가 직장에서 퇴근 시에 좋아하시는 여러 가지 음식을 사다 드렸다. 나이가 들면 근육이 감소하여 본능적으로 육식이 당기게 되므로 육개장, 내장탕, 보신탕 등을 번갈아 사 들고 가서 저녁 식사로 드시게 하였다.
　나이가 들면 반드시 생기는 근육감소증은 근육이 약해지고 기력이 쇠약해지므로 육식 섭취를 하는 것이 필수적이다. 그러므로 효도하는 자녀들은 부모님께 외식이나 식사 시 고기를 드시게 한다.

　친부모처럼 극진히 모셔서 영양이 좋아지셨는지 병원에 한번 가보신적이 없이 10년을 잘 지내셨다. 그런데 하루는 몸살감기 기운이 있으시다면서 식사를 못 하시더니 그 후로 3일 만에 돌아가셨다. 장모님은 본래 모습 그대로 편안하고 조용히 눈을 감으셨고 이대 목동병원 영안실로 모셔서 장례를 치렀다.

아내가 다니던 교회, 등산산악회, 영남 대구 향우회, 해외여행을 자주 다니는 친목회 친구들, 친정의 사촌 형제들 모두 와주었다. 장례식장의 조문객은 친척과 지인들로 매어졌다. 처남들 내외만도 열두 명의 지인까지 왔으니 정신이 없었다. 아들 며느리들은 불효에 고개를 못 들었으나 이미 때늦은 후회다.

그 후 얼마 안 가 며느리 중 큰 처남댁 컴퓨터가 당뇨로 쓰러졌다. 큰처남네는 자녀가 없으니 요양병원에 입원할 수밖에 없었다. 그곳에 가면 죽어서야 나온다는 요양원에서 3년을 보내는 동안 TV프로 '세상에 이런 일이'에서나 볼법한 일이 벌어졌다. 인생 후반전인 인생길에 새로 생겨난 변수다.

그동안 지독하게 대부업을 하면서 열심히 살던 컴퓨터에게는 육군사관학교 대령으로 제대한 남동생이 하나가 있었다. 누이가 쓰러지기 전에도 자주 들러 누이를 꼬셔 다단계 자석 매트를 300만 원에 팔고 가더니 이어서 건강식품을 팔고 갔던 일이 여러 번 있었다.

누이가 재력가인 것이 촉이 왔던지 누이에게는 자식이 없으니 요양원에서 사망하면 모든 재산은 매형이 독식하게 될 것이고 매형도 고령으로 거동이 순조롭지 않다는 걸 알았다. 머리가 여기까지 오자 돈에 눈이 뒤집혀 누이의 재산 빼내기에 전력을 다했다.

이 대령은 대전에서 막 바로 올라와 치매에 당뇨로 쓰러져 있는 누이에게 은행원을 매수하여 함께 요양원으로 찾아갔다. 은행원은 VIP 고객인 이화옥(컴퓨터)을 잘 알고 있었지만, 정신이 혼미하니 동생이 하자는 대로 동의하고 말았다. 자신의 예금 전액을 동생에게 이전해준다는 동의서에 인감도장을 승인 날인 하여 이 대령이 교묘하게 모두 빼가고 말았다.

이제는 30억 되는 아파트만 남아있으니 이 대령은 형사 사건이 되는 법을 피해 머리를 쓰기 시작하였다. 자다 말고 벌떡 일어나 무릎을 쳤다. 바로 이거야! 역시 육사 출신 머리야.

다음날 또 대전서 서울로 올라와 법무사 사무실을 찾았다. 자신의 아들을 누님 이화옥 앞으로 양자를 하기 위해서다. 누님의 승인이나 매형에게는 한마디 상의도 없이 이 대령 혼자서 꾸민 일이다. 누님의 인감도장 하나로 자기 마음대로 누이에게 아파트를 상속받기 위해 꾸며낸 계략이었다.

하마터면 죽 쑤어서 개 주는 꼴이 될 뻔하였던 우리집 아내의 큰오빠는 요양원에서 아내의 보호자 보증인이 년도가 지나 양식을 다시 하기 위해서 가족관계증명서를 주민센터에서 발급받고 알게 되었다. 난데없는 아들이 하나 생겨나 있어서 이게 어떻게 된 사실이냐고 관계자에게 따졌더니 6개월 전에 아내분 동의로 호적에 입양되었다는 것이다.

양자의 생부가 누구냐고 알아보니 아내의 남동생 이 대령이었다. 그동안 여러 번 이상한 짓을 하여 경계하여 왔는데 이런 일을 겪으면서 망연자실하였다. 그제야 혹시나 하고 아내의 주거래 은행에 들러 알아보니 이화옥의 통장 잔액이 0원이었다.

두 번씩이나 눈뜨고 코 베어 간 이 대령을 그냥 둘 수가 없었다. 형제가 좋다는 게 이럴 때였다. 큰처남은 경수 동생에게 빨리 오라고 하여 자초지종을 알리고 동생의 부동산업 고문 변호사가 있어 사건을 의뢰하였다.

고문 변호사가 사건을 접수 후 돌아온 답변은 예금 전액 인출 해 간 것은 예금주인 이화옥 본인이 은행원에게 위임한 사건으로 뒤집을 수가 없다고 하였고, 민사 사건인 양자 입양 무효 소송은 변호사 수임료 천만 원으로 소송에 들어가 1년 만에 승소가 되어 가족관계증명서가 원위치로 되자 처남댁인 이화옥은 눈을 감게 되었다. 광림교회 장례로 광림교회 묘지에 안장되는 동안 친누이의 장례에 이 대령은 코빼기도 비치지 않았다.

　아내는 심경이 바뀐 큰오빠에게 올케언니도 안 계시고 오빠 혼자 외로우시니 실버타운에 가서서 지내시는 게 식사하기도 좋을 듯하다며 권하였다. 자신도 그렇게 생각한다고 아파트를 매매로 내어놓았으니 팔리면 실버타운에서 지낼 만큼만 돈을 가지고 간다고 하면서 나머지는 내가 모셔야 할 것을 네가 어머니를 10년 동안이나 모셨으니 너에게 주겠다며 생을 마무리하면서 정리하는 듯 유언처럼 하셨다.

　우리 형제들은 누님이 두 분이고 형하고 나하고 아래로 누이동생이 둘이고 그다음이 미국에 사는 남동생 둘로 모두 8남매이다. 처가 집에 7남까지 형제자매 처남까지 열다섯이나 되다 보니 외로움을 모르고 살았지만,

이제는 나이가 들면서 형제자매나 처남들도 하나둘씩 떠나가기 시작하니 안타까운 마음이다.

이런 걸 보면 고향에서 어린 시절 한방에서 먹고 자고 뒹굴던 때가 그립고 좋았다. 고향에서 겨우 20년을 보내고 나와 타향살이로 이어지니 형제자매들도 멀어져서 왠지 서먹서먹하게 된다. 형제간에 조카들 결혼식이나 몇 년 만에 어쩌다 한번 얼굴을 보고 헤어지면 또 안부도 없이 몇 년을 지내게 된다. 세상이 변하고 잘살면 잘살수록 옛날에 어렵게 살던 시절보다 더 삭막해진다.

형제자매 중에는 몇 년이 가도록 전화 한번 없어 해보면 무소식이 희소식이라고 별 탈 없지만, 그래도 몸이 머니 정(情)도 멀어진 것 같다. 어려울 때는 살기가 힘들어도 정들어 살가웠는데 먹고 살만 들 하니 근심걱정이 없어 정마저도 사라진 것 같다.

앞으로 산업이 발달하여 더 풍요롭게 살게 되어 대가족 시대는 멀어지고 지금처럼 핵가족 시대로 1인 가족, 2인 가족이 만연해지고 있다. 그러니 앞으로는 메마른 정 속에 자기만 알고 살아가는 시대가 이어지게 될 것이다.

가족 변화와 같이 기후 변화도 계절이 없어지고 천재지변에 재앙은 계속 이어져 공포 속에 떨게 할 것이다. 2025년 산불로 전국에 엄청난 재산피해를 준 것은 물론 귀중한 인명피해도 발생하였다. 그중에서 65세 이상 사망자가 속출하게 된 것은 불길이 무섭게 엄습해 닥쳐와도 걸을 수가 없으니 불 타죽어 안타까움과 경악을 금치 못한다.

우리 형제자매 내외와 처남들 내외도 모두가 고령에 접어들어 노인들 목숨은 장담할 수가 없다. 병원에 가보면 하체가 약해 중심을 잃고 낙상하여 골절상으로 오랜 병상 생활을 하다가 결국은 사망하는 노인들이 늘어나고 있으니 말이다.

5. 신인감독상 축하여행

　대기만성형 전감독은 대학 졸업 후 영국으로 유학을 가서 5년동안 영화학을 전공하고 귀국하여 한예종(한국예술종합대학)에서 후배 양성으로 학생들을 가르치기 위해 강의를 나간다.

　5년 유학 중에 실습으로 제작한 단편영화 <난년이>로 상을 받더니 영화 연출에 기본기가 탄탄해져 2024년도 10월 '부산 국제영화제' 출품을 시작으로 2025년 4월 이탈리아 피렌체영화제도 출품하여 상영되었다. 스위스 알프스산맥의 경계인 이탈리아는 역사적으로 유명하며 특히 예술성이 뛰어난 도시다.

　콜로세움 건물, 바티칸 성당 천장의 천지 창조 그림은 상상을 초월하는 예술작품이다. 이런 예술의 나라에서 전감독의 작품 '폭로 눈을 감은 아이'가 신인 감독상 후보로 오르게 되었다. 피렌체영화제에 이어 벨기에 수도 브뤼셀영화제에서도 경쟁이나 하듯 전감독에게 초청장이 왔다.

피렌체와 브뤼셀영화제에서 항공티켓 왕복권과 호텔 숙박 및 식사까지 제공해 주었다. 유럽의 피렌체영화제는 칸영화제와 쌍벽을 이루는 유명한 영화제라 신인 감독상 후보로 초청을 받은 것도 영광이어서 수상까지 할 거라고는 꿈에도 생각하지 못했다.
'폭로' 영화 시사회 상영 후에는 기립 박수가 한참 동안 터져 나왔다. 연출자 전감독과 관객과의 대화에서는 유창한 영어 실력으로 막힘이 없었다. 5년간의 영국 유학 생활이 빛을 발하는 순간이었다.

더군다나 기라성같은 세계 8개국의 경쟁이니 수상은 아예 바라지 않았기에 영화제가 끝나기 전에 다음 일정인 벨기에 브뤼셀로 날아갔다. 벨기에는 대서양 연안에 위치해 있으며 매년 4월에 열리는 영화제는 국제적으로 명성이 있는 영화제다.

조선시대 우리는 갓을 쓰고 한복에 김치, 된장을 먹고 재래식 화장실을 쓰고 살았지만, 유럽은 200년 전부터 양복에 수세식 화장실로 서구식 문화생활을 하던 선진국들이다. 벨기에 브뤼셀 시사회에서도 피렌체영화제처럼 기립 박수를 받았다.

 역시나 브뤼셀도 신인 감독상은 생각지 못하고 시상식 전에 유학 생활을 하던 영국을 찾았다. 그곳에는 영화<난년이>에 출연한 것이 계기가 되어 연락하고 지내온 마리아가 있었다. 그당시 마리아는 한국에서 영국으로 입양되어 자란 학생이었는데 그때는 형편이 되지 않아 출연료를 못 주고 있다가 단편영화 작품상으로 상금을 받아 주게 되었다. 마리아는 친부모가 누구인지도 모르고 지냈었다가 한국인의 피가 흐른다는 이유로 전감독을 친자매처럼 따랐다.

 유학 시절에 가까이 지내던 친구였던 마리아와 재회하여 많은 추억을 이야기했다. 마리아는 한국어를 전혀 하지 못하지만 전감독이 영어가 되니 소통할 수 있었다. 며칠 영국 런던에 있는 동안 마리아의 집에서 지내니 20대 청춘을 바친 유학 시절이 떠오르기도 하였고, 손흥민 축구 경기도 같이 관람하였다.

 전감독에게 피렌체와 브뤼셀영화제에서 동시에 신인 감독상 수상 소식이 전해졌고, 네이버 유튜브에도 동시에 떴다.
피렌체와 브뤼셀은 8개국이 감독상 후보로 경쟁이었는

데 영화제 한 곳도 아니고 두 곳에서 동시에 수상을 하니 꿈만 같았다. 다른 곳도 아니고 유서 깊은 유럽 국제영화제에서 입상이라 더욱 영광스럽다.

'폭로: 눈을 감은 아이'

배급처 ; 이심전심   영화사
대표이사 ; 전선영
시나리오 ; 전선영
영화감독 ; 전선영

뜻있는 스펙을 쌓았으니 국내 개봉은 영화 성수기 여름 휴가철 때쯤 상영 예정이었으나 영화제들로 인해 좀 더 늘어날 것 같다.

귀국 후 한예종(한국예술종합대학) 교단에 서고 있으면서 강릉에서도 강의하는 전감독을 축하하기 위하여 신인 감독상 축하 여행을 하였다. 고촌 '감미옥'에서 설렁탕을 특으로(16,000)원 아침 식사를 하고 와인 창고에 가서 와인 5병을 12만 원에 샀다.
떼루아 와인 아울렛 031-986-0777 (수입산 와인 창고)

와인은 분위기와 멋으로도 마실 뿐만 아니라 건강을 위

해서 마시면 일석이조 이다.

와인의 효능은
① 노화 지연
② 심혈관 건강 개선
③ 소화 촉진
④ 스트레스 완화
⑤ 비만 예방
⑥ 입안 살균
⑦ 황산화 효과
⑧ 면역력 강화

와인은 포도를 발효시켜 만들어서 술이 아니라 남녀노소 즐길 수 있는 알코올음료이다. 인류 역사상 가장 오래된 술 중 하나로 수 천 년 전부터 다양한 문화권에서 종교, 의료, 사교 용도로 널리 사용되어왔다.
현대에 와서는 미식 문화와 함께 마시므로 대중화가 되어있고, 여성은 하루에 한잔 남성은 두잔 이하로 가볍게 마시는 것이 좋다. 이왕이면 소주 대신에 와인을 하면 품위와 건강을 지킬 수 있어 좋다.

저녁 식사가 끝나고 서면 롯데호텔로 다시 돌아와 쉬고 3일째 되는 날 귀경길에 영동 와인 동굴 근처 일라

이트 컨트리클럽호텔이 예약되어 와인 동굴을 관람하기로 했다. 와인을 좋아해 와인 동굴에 대한 기대감이 컸는데 완전히 실망의 연속이었다. 초등학생들이나 가 볼 법한 규모와 와인 종류도 많지 않았는데 더욱 실망인 것은 와인 몇 병을 사 들고 나오는 데도 쇼핑봉투 값을 받았다. 입장료도 비싸더니 모든 게 허술해서 투덜대며 예약된 숙소에서 마지막 밤 여장을 풀었다.

나만 그런 줄 알았더니 우리 가족 모두가 불만이었다. 그러니까 손님도 없이 파리만 날리며 썰렁하였다. 우리 동네 수입산 와인 창고는 그야말로 와인 천국이다. 세계 각국 유명한 와인은 다 있으며 와인과 함께 먹을 만한 치즈도 있어 구경하는 재미도 쏠쏠하다. 가격도 수입산 인데도 영동 와인 동굴보다 저렴하다.

무엇보다 와인 맛은 최고다. 입장료도 없고 병따개 포장은 무료다. 필자가 다녀온 프랑스 와이너리와는 비교가 되진 않지만 이런 데라도 영동의 와인동굴 관계자들은 견학하여 한 수 배워야 할듯싶다. 그래야 만이 인기가 떨어지는 와인동굴을 새로 태어나게 할 것이다.

다음 날은 속리산 법주사를 거쳐 금산 인삼 축제에 갔다가 상경하기로 코스를 잡았다. 가을 중간인지라 아직 낙엽은 지지가 않았고 코스모스가 피어나기가 좋은 날씨였다. 속리산 법주사는 유명한 관광지라 관광객들로 붐볐다.

주차장에서 법주사 사찰까지는 거리가 멀었다. 한참을 가니 대형 금불상이 사찰 앞마당에 세워져 있었는데 그 크기가 우리를 압도하였다.
내려와 산채비빔밥을 먹으면서 기억하니 오정광이라는 대학 때 친구가 속리산 관광호텔 연회장에서 네트웍 세미나 연사로 초청되었을 때 나도 함께 와보았고 이번이 두 번째였다. 점심식사를 하고는 금산 인삼 축제로 향하였다.

독자에게 불로장생을 저가로 드리기 위해 6년근 인삼을 자주 구매하던 고려인삼에 들려서 10채를 구매한 후 세척하여 진공포장을 하였다. 마침 축제 북위기를 돋구려고 각설이타령 마당놀이가 시작되었다. 구경꾼들은 발 들여 놓을 틈도 없이 초만원이었다.

TV에도 자주 출연하던 각설이에 삼순이가 주도하여 음담패설로 관객들을 배꼽 빠지게 웃겼다. 삼순씨는 각설이에 연조가 깊어 물이 올라 있어 달인이 되어 있었다. 얼굴에 짙게 우스꽝스러운 화장을 하고 눈가는 찢어진 눈으로 분장을 하였다. 너덜너덜한 검정 치마에 때가 찌든 흰 저고리에 북을 등에다 둘러메고 한 손에 마이크를 잡고는 마당놀이를 신들린 듯 한바탕 휘젓고 나면 박수와 동시에 여기저기서 5만 원권 노랑 지폐가 쏟아져 나온다.
머리끈에 끼워 넣기도 하고, 치마춤에 꼽아 주기도 한다. 그러면 더욱 신이 나서 천방지축으로 나대며 배꼽을 잡게 관객을 사로잡는다.

 딸들은 처음 보는 신기한 장면에 벙벙해하면서도 이번 여행에서 별꼴을 다 보았다며 재미있어한다. 우리도 공짜구경을 할 수가 없어서 특별한 비누와 생활용품을 팔아 주었다. 각설이 삼순이는 주연이 되어 흥이 나면 흥이 나는 대로 장사가 잘되었다.

 상점 문을 열어놓고 손님 오기만을 기다리는 것보다는 수십 배 더 매출이 늘어난다. 우리는 각설이를 마지막으로 관광지마다 사놓은 특산품과 금산에서 인삼하고 각설이 물품으로 트렁크에 가득 채웠다.

 이제는 풍무대까지 만의 여정만을 남겨 놓았다. 떠날 때는 4박 5일이 아득한 것만 같았는데 돌아올 때는 벌써 날짜가 다 되었나 하는 생각에 아쉬워 하루를 더 어디 가서 지내고 가고 싶은 여운이 남기도 한다.

얼마 후 다시 여행길에 올랐다. 이번에는 보은 와인 동굴에 가서 실망을 크게 한 적이 있어 와인샵을 들러 유럽산만 골라서 사서 담았다. 내비게이션으로 수안보 온천을 치니 일산에서 남양주, 양평, 여주로 가는 안내가 나왔다. 수안보(首安堡)는 수질이 좋아 고려와 조선 시대부터 왕들이 자주 찾았을 정도로 오랜 역사를 지니고 있다. 그래서 수안보를 왕의 온천이라 불린다.

우리가 묵은 라마다 호텔은 객실 수가 100개나 되는 대형호텔이다. 호텔 지층에 실내 온천이 있어 목욕하고 온천을 즐겼다. 그리고 저녁 식사는 수안보의 별미인 꿩 코스요리로 하였다. 전문식당인 대장군에서 코스요리(1인당 49,000원)와 반주로 와인을 하였는데 생각보다 꿩고기 요리가 닭에 비해 몇 배나 더 맛이 좋았다. 예약하지 않으면 불편을 겪을 수 있어 미리 예약하고 찾으니 편안한 식사가 되었다.

수안보온천은 서울서 1시간 반 거리로 이동시간이 짧아 가기에 편하며 수질을 충주시가 관리하여 건강, 치유, 미용을 위한 온천지로도 유명하다. 또한 도시가 아늑하여 힐링할 수 있는 휴양지이다.

라마다 호텔 043-848-8833
꿩요리 전문 대장군 0507-1431-1757

　자녀 중 두 아들은 직장에 출근해야 하므로 여행비를 지원해 주어 부모와 큰딸과 작은딸인 전감독과 여유롭게 비용을 쓰면서 즐거운 첫날 여행이 되었다.

　2일째인 다음 날은 상쾌한 기분으로 탄금대로 향하였다. 수안보온천에서 20분 거리로 숙소와 가까운 곳에 명소가 있었다. 탄금대 정상 누각에 올라서니 40년 그러니까 40대 초에 데이트하던 추억이 떠올랐다.
그때만 하더라도 생활용품이 열악하여 전기다리미, 모기장, 라디오, 주방용품 도자기 등의 월부 사업이 만연할 때이다.

　그때 충주에서 사업할 때 수금차 출장을 같이 가게 된 동기는 지금은 김포 5일 장에서 건강식품을 판매하고 있는 윤사장이다. 월부 사업으로 수금한 돈을 들고 다닐 수 없어 은행에 입금하려고 가는데 갑자기 소나기가 쏟아져 옷이 젖어오고 있었다. 그때 개나리꽃 색깔의 노랑 롱코트에 우산을 받쳐 든 미모의 20대 젊은 여자가 '같이 쓰시지요' 하며 옆자리를 내주었다. 그래서 속으로 아! 살았다는 기분이 들면서 은행 앞까지 그분 덕분에 소낙비를 피할 수 있었다.

　그런 고마움을 잊지 못하고 있는데 태평양화장품 지도사원이라고 말했던 그녀는 충주가 작은 소도시라서 그다음 날도 길에서 또 만나게 되었다. 고마움에 차 한 잔을 하게 되었고 그로 인한 인연은 탄금대로 향했다. 그 후 출장 올 때마다 만나 데이트는 영월에 고시동굴까지 이어져 내가 총각 시절이라 데이트를 하게 된 것은 추억으로 남게 되었다.

　수안보온천에서 목욕하고 난 후 피부와 머릿결이 여느 때와는 완연히 달랐다. 피부는 매끄럽고 빛이 났으며 머릿결은 유달리 보드랍고 하늘하늘하였다.
대관령 양떼 목장에 도착하니 양떼 몰이는 5월부터라고 하여 헛수고 한 꼴이었다. 마침 점심때라 목장 입구에 있는 식당에 들어갔다.

　식당 대표가 여성분인데 주문을 받으러 와서 첫마디가 주문은 안 받고 애들 엄마에게 '왜 그리 고우세요' 칭찬부터 한다. 애들 엄마는 '고맙습니다' 하면서 '수안보온천 덕분일 거예요.' 하며 겸손하게 수안보온천 덕으로 돌렸다.

　버섯 전골 (일 인당 2만 원)을 맛있게 먹고 나오는데 또 주인이 따라 나오면서 '너무 고우세요' 재차 칭찬하며 감탄을 한다. 그녀도 60대 초로 예사롭지 않은 세련된 여자분이었다. 역시 매력과 멋은 가꾸어 본 사람만이 알아보는 것인가 보다.

　특히 여성분들은 자기가 가꾸기 나름이라서 꼭 수안보온천을 다녀오면 '참 고우세요.'라는 칭찬을 들을 수 있을 것이다.

식당 문을 나서자마자 안개가 끼어 앞이 안 보였다. 대관령 정상이라 기온도 뚝 떨어져 오싹하게 춥고 바람이 불면서 날씨가 갑자기 변덕스러워졌다. 승용차가 엉금엉금 기며 운행 중에도 귀가 먹먹하여 들리 지가 않았다. 얼마나 높은지를 알 수 있는 대관령고개이다.

고속도로를 내려서자 안개는 말끔히 걷히고 평상시 날씨로 돌아왔다. 북강릉으로 내려서서 전감독 동료가 운영하는 컨피넌스 리조트에 여장을 풀었다. 18평 아파트처럼 방, 거실, 욕실, 주방시설에 4인 가족이 불편함이 없이 지낼 수 있는 주거 공간이다. 지인이 운영하는 것이라서 하루 사용료가 13만 원인데 2일간 청소비로만 6만 원의 특혜를 받았다고 한다.

여장을 풀고 20분 거리인 주문진으로 넘어갔다. 해변가를 산책하다가 7시에 노을이 지니 경치가 너무 아름다웠다. 저녁 식사를 하러 간 곳은 자연산 횟감으로 유명한 해우 식당으로 이곳은 전감독과 작은아들의 단골 식당이었다.

오래된 허름한 건물이었지만 음식만은 색다르고 특별

하였다. 특히 자연산 감성돔 (대 22만 원)맛이 일품으로 축하 상을 차려놓고 앞으로의 개봉과 대박을 축원하는 화기애애한 분위기 속에 와인과 샴페인을 터뜨렸다.

주문진 해우 횟집 앞에서　　　　낙산사 가는 길 해변에서

우리 부부는 여행을 떠나기 전 두 가지를 약속한 바가 있다. 여행하면 살이 찌니 많이 먹지 말 것과 사진은 버릴 때가 되어가니 사진을 찍지 말자고 하였지만, 여행은 역시 즐거운 일이거니와 새로운 별미와 새로운 풍광 앞에서 약속은 물거품이 되고 말았다.

여행을 안 해본 사람은 여행을 왜 하느냐, 돈만 없앤다며 우매한 소리를 한다. 그러나 여행을 해본 사람은 인생의 큰 낙은 여행임을 알게 된다. 경이로운 풍광 앞에서는 감탄하며 감동하게 된다. 인간이 사람답게 살려면 여행을 자주 하여 인생을 즐겁고 아름답게 살아야 한다. 축하연이 두 시간 이상 길어지자 취기가 거나해져 기분이 최고조에 달하였다. 이런 게 인생의 낙이고 사람 사는 보람이다.

수안보온천, 탄금대, 경포대, 낙산사를 여러 번 다녀 봤지만 갈 때마다 다르게 느껴진다. 여주 신륵사 또한 여러 번 가본 곳이지만 가족 중에 처음인 사람이 있어 또 가서 보니 새롭다. 하루가 다르게 관광지로 개발하여 자연스러운 모습이 훼손되는 것 같아 아쉬웠다. 동해의 망망대해를 바라보고 있노라면 고구마를 먹고 가슴 속이 뭉쳐있던 것이 동치미 국물을 들이켠 듯 뻥 뚫린다.

애들 엄마도 아직은 뒤따라 오면서 잘 걷고 있어 다행이다. 패키지 단체여행을 70대 초에 갔을 때 가이드가 했던 말이 아직도 귓가에 생생하다. '70이 넘으신 어르신들은 여행을 안 오시는 게 저희를 도와주는 거예요'라고.
화장실만 보이면 들어가서 안 나오고 자유시간 20분 후에 차로 오라고 하면 10분이 지나도 안 와서 가이드가 허겁지겁 찾아다니니 기다리는 관광객들에게 민폐를 끼치기 때문이었다.
이게 다 노인이 되면 전립선과 인지능력이 떨어져 알아듣지도 못하고 관광차가 어디에 있었는지조차도 까맣게 잊는다.

우리는 주로 자유여행으로 가기 때문에 요양원에서 꼰대 환자에게 남이 안 보는 데서 이 자식이 하면서 할아버지뻘 되는 데도 막 취급을 받는 것처럼 가이드에게 노인으로 도매금 취급을 안 받아서 좋다.

이번 영동 동해안 여행도 4박 5일 동안 인터넷 검색으로 맛집만 찾아서 식사하였다. 3일째 아침도 전감독이 검색한 '강문 옛 태광식당(033-653-9612)'으로 우리 4인 가족이 들어섰다. 위치는 허난설헌 새가터 가는 길 송죽원 건너편이다.
식당 실내가 깨끗하여 분위기부터 마음에 들었다. 반찬 그릇이 눈부시게 하얀 백자에 처음 보는 반찬들로 식탁 위에 가득 채워졌다.

유명한 맛집이라 그런지 재료가 일찍 소진되어 생 동태나 생대구탕이 없었다. 그리고 2시면 브레이크타임 이후 종료된다. 그래서 꿩 대신 닭이라고 곰치탕(2만

원)으로 대신하였지만, 맛은 일품이었다.

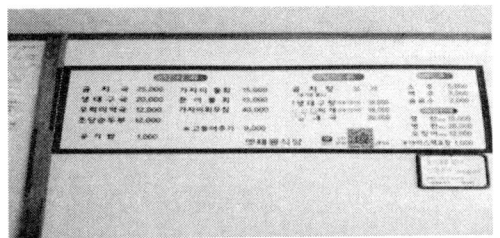

서빙하던 젊은 이모가 맛깔 나는 반찬을 세팅하다가 애 엄마를 흘끔 쳐다보더니 '어머니가 고우시네요' 하면서 또 칭찬하자 두 딸이 동시에 웃었다. 가는 데마다 똑같은 칭찬을 들으니 기분이 좋아서다.

나는 '이모 감사합니다. 수안보온천 약발이 3일을 가는가 봐요' 하니 서빙녀 이모는 영문을 모르니 의아해하며 자신이 실수하였나 생각하는 듯하였다. 딸들은 알아듣기 때문에 또 한 번 웃을 수밖에 없었다.

아침 밥맛은 그야말로 꿀맛이었다. 보통 나는 밥그릇의 밥을 늘 20% 남기는데 밥그릇을 싹 비웠다. 맛집 중에 맛집이다.

벽에는 A4 용지에 알만한 유명인들 싸인이 붙어 있었다. 강원도지사 김진태부터 연예인들 싸인도 빠지지 않았다. 전국 맛집들의 공통된 점이다.

가족 외식 시에는 주로 자녀들이 내지만 오늘은 연달은 칭찬에 기분도 좋고 음식 맛도 좋았는지 엄마가 선뜻 먼저 카드를 내밀며 계산하였다.
  친목 모임일 때도 식사비가 얼마가 나오든 더치페이로 각자가 지불하듯이 가족 모임 식사 때도 자녀들이 모은 회비로 하거나 더치페이를 할 때가 있는데 가끔은 부모가 내는 것도 기분 좋다.

  인생길은 이렇게 걸어가야 한다.
여행도 자주 하고 휴게소가 있으면 정차하여 여유롭게 쉬기도 하면서 내가 좋아하는 책을 찾기 위해 서적 진열대로 먼저 찾아간다. 그리고 꼭 한 권의 책을 사서 여행 시 한가한 시간에 독서를 한다.
  그리고 배우자와 함께 친구 모임과 가족 모임을 자주 갖는 것이 좋다. 이런 일생을 보내지 못한다면 여느 인생보다는 반도 못사는 삶일 것이다.

  여행 마지막 밤에 글램핑을 대신하였다. 캠핑카나 장비 도구가 없이도 즐길 수 있는 한적한 시골 마을 속으로 들어갔다. 외길이기 때문에 반대 방향에서 차가 나오면 배려 차원에서 갓길에 바짝 부쳤다가 지나갈 때까지 기다려 가고 있었다. 어둑하고 한적한 오솔길에 고향 정취마저 느껴지는 곳이었다. 저녁 시간 외등도 없는 곳이라 도로가 열악하지만, 고생 끝에 낙이 온다고 하던가 글램핑 장소는 꿈과 같은 에덴동산이었다.

　한적한 외딴집이 오만 꽃 속에 쌓여있으며 산속인지라 기온도 낮아 다른 곳에서는 낙화한 꽃들이 이곳에는 홍매화를 비롯하여 벚꽃과 이름 모를 오만가지 꽃들로 장식되어 환상적이었다.

그림 같은 가옥 속에서 캠핑 분위기를 제대로 내며 고기를 구워 먹을 수 있었고, 야외의 바람막이 움막 속에서 양고기를 비롯하여 돼지 목살, 소세지와 감자구이를 안주 삼아 소주를 마셨다.

이곳은 고깃값만 받고 장소 대여비는 일체 받지 않으니 10만 원 정도면 4인 가족이 초밥을 곁들여 저녁 식사 겸 술잔을 즐길 수 있다. 독자들에게 휴가철에 갈만한 곳으로 추천하므로 예약하고자 하는 분들을 위해 참고로 사진과 전화번호를 남긴다.

강릉 경포대 해수욕장

북카페

80세의 애들 엄마에게는 4박 5일의 여행이 무리였나 보다. 여행에서 곱다 소리만 들었던 애들 엄마가 과로

하였는지 입맛이 없다고 밥맛을 잃더니 갑자기 얼굴이 반쪽이 되었다. 그래서 여행도 펄펄 나르는 체력이 되어야 만이 지속적으로 즐길 수 있다. 나이 먹어 체력이 달리면 여행보다는 휴양지에서 쉬는 것이 좋다.

큰딸은 전감독 동생에게 신인 감독상 수상기념으로 자신이 손수 뜨개질한 승용차용 쿠션을 축하선물로 전하였다.

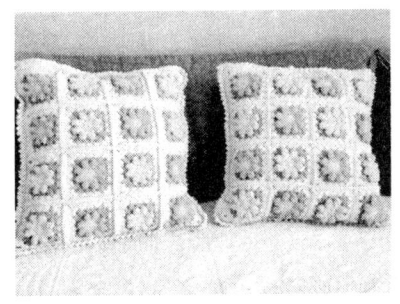

큰딸의 수예 솜씨가 수준급이었다. 글씨체만 명필인 줄 알았는데 수예 솜씨도 특출나서 놀랐다.

즐겁고 만족한 시간도 어느덧 막바지가 되었다. '폭로 눈을 감은 아이'가 유럽에서 두 번씩이나 신인 감독상 받게 된 평은 다음과 같았다.

전선영 감독이 직접 시나리오를 집필하였기 때문에 모든 장르를 꿰뚫고 있어 치밀한 구성으로 서사의 밀도와 긴장감을 높인다. 경찰의 무능과 미디어의 사악함을 날카롭게 진단하기도 한다.

이 세계의 공포와 잔혹함을 구체적인 얼굴로 드러내어 베스트셀러 작가를 살해한 혐의로 현장에서 체포된 인선은 자신의 담당 형사로 민주를 지목한다.
사건이 일어난 홍천으로 간 민주는 인선을 대면하고 나서야 그녀가 초등학교 시절 절친했지만 심각한 사건으로 인해 멀어진 친구임을 알아본다. 인선은 자신의 혐의를 모두 인정하지만, 살해 동기도 증거와 일치하지 않는 진술도 어딘가 석연치가 않다. 형사 민주는 사건의 전말을 밝히기 위해 사력을 다한다.

'폭로 눈을 감은 아이'는 탄탄하고 명민한 스릴러이자 가슴시린 영화다. 스릴러 범죄 서스펜스 드라마다. 해외 배급사는 화인컷으로 장르를 더 보자면 범인과 형사의 복잡하고 긴장감 넘치는 사건을 그린 스릴러로 살인사건이 파헤쳐질수록 충격적인 진실과 마주하게 된다. 범인과 형사간의 반전을 거듭하는 스토리와 그에 대한 인물들의 감정선을 집요하게 파고드는 매력적인 픽션 작품이다.

축하여행은 남한 강변 여주 신륵사 앞 '산넘어 남촌'

식당(010-4350-1438)에서 산채비빔밥을 마지막으로 상경하였다. 대표 반정현씨는 골동품 수집이 취미로 식당 내부가 온통 희귀한 물건들로 꽉 채워져 있었다.

　식사가 끝나자마자 퇴근 시간과 맞물려 고속도로가 정체될 것을 피하려고 서둘렀건만 4시부터 도로가 막히기 시작하였다. 특히 영동고속도로에서 새로 빠지는 경기 북부 외곽도로도 터널이 많아 속도에 제한을 받으니 극심하게 막혀 피로는 가중되었다.
　상경하는데도 거의 하루가 소요되어 출발하였던 풍무대에 6시에 도착하였다. 사고 없이 무사히 도착함에 감사하며 같이 못한 가족들에게도 도착함을 전하면서 휴식에 들어갔다.

　여행 중에 애들 엄마가 몇 사람들에게 '참 고우시네요'라고 들었던 말은 '곱게 늙으셨네요' 그런 말이다. 곱게 늙는다는 것은 앞장에서도 여러 번 언급되었듯이 어떻게 살아왔느냐에 따라 오늘의 내 모습이다.
곱게 늙은 노인은 존경받지만, 벽창호로 추하게 늙으면 천대받는다. 그러면 어떻게 살아가면 곱게 늙는 것일까?
다음 장에 노화 지연을 참조하시기 바랍니다.

6. 부산 국제영화제

　부산 국제영화제가 2024년 10월 2일부터 11일까지 열흘간 해운대에서 개막되었다. 200여 편의 영화가 출품하여 많은 관객이 몰려와 축제 분위기였다.
　전감독의 폭로도 초청되어 3회가 상영되었고 상영 시마다 관객의 기립 박수를 받았다. 시사회가 끝나면 관객과의 대화 때 영화감독 이하 주연배우가 연단에 나란히 앉아 관객 질문에 답을 하는 형식이다.

　시사회 상영을 보기 위해 풍무대를 떠나 감미옥에서 설렁탕으로 아침 식사를 하고 대구거래처까지 다녀서 수성못까지가 첫날 목적지였다. 하루에 서울서 부산까지 가는 게 과로하기 때문에 중간에 일박하는 것으로 여행 계획을 4박 5일로 하였다.

　도착지마다 두 아들은 호텔과 맛집을 예약해 놓아 여행은 늘 편히 잘 잤고, 유명 맛집에서만 식사하여 체중이 불어나는 것이 염려되었다. 대구의 수성 못은 여러 번 와보았지만, 여전히 아름다운 호수였다. 장엄하기까지 하여 대구의 명소다웠다. 호수는 잔잔하며 뚝이 넘칠 듯이 가득 담겨있고 호수는 거울같이 맑았다.

예약된 맛집에서 저녁을 하고 호수를 산책 후 호텔에 들어가 편안한 숙면을 취하게 되었다. 잠자리가 바뀌면 잠이 잘 안 온다고 하지만 나에게는 그런 일은 없었다. 해외여행 시에도 캐리어에는 집에서 사용하던 베개가 필수적인 준비품이다. 호텔 베개는 넓고 푹신거려 얼굴이 베개에 파묻혀 편안하지가 않은데 집에서 준비해 간 베개는 단단하고 높이가 알맞아 머리를 대자마자 잠이 온다. 습관이 되어 습관이 바뀌는 게 무섭다.

숙면하고 난 아침은 상쾌하다. 아침은 대구 하면 유명한 동인동 갈비찜 골목으로 들어섰다. 아침 식사로는 거하지만, 손님은 만원이었다. 갈비찜은 옛날 그대로 다 찌그러진 노랑 작은 냄비에 담아 나오는데 갈비 하나를 입에 넣으니 살살 녹으며 그 맛은 일품이었다. 그래서 갈비찜 식당이 수없이 많은데도 집집마다 손님들로 대만원이다. (일 인당 2만 원, 예약은 053-425-4203)

갈비찜으로 아침 식사를 마치자 경부 고속도로에 올

라탔다. 영화제 축제가 있어서 그런지 고속도로가 꽉 차 있었다. 서면에 예약된 롯데호텔 역시도 예약을 안 한 사람들은 객실이 만원이라 발길을 돌리고들 있었다.

하룻밤 숙박료가 50만 원이고, 송이버섯 정식이 20만 원인데 만석이라니 대한민국이 잘사는 부유 국가임은 틀림없다. 저녁에는 호텔 주변의 포장마차 또한 볼거리였다. 우리 가족은 롯데호텔 건너편 부산 거래처인 영광도서 앞 사미헌 (051-819-6677)에서 저녁 식사를 하였다.

3일째 되는 날 오후 3시에 '폭로' 영화가 상영되어 우리 가족은 처음 보게 되는 딸 전감독의 영화를 보기 위해 해운대극장으로 갔다. 시간이 다가올수록 가슴이 울렁거리며 뛰었다. 마치 연애하는 감정과도 같이 두근두근하면서 혈압이 높아지는 듯하였다. 만석인 관객 중에는 전감독의 친구와 선후배 지인들이 대거 몰려와 시사회를 감상하였다.

때마침 막이 올랐다. 대극장 안에는 불이 꺼지면서 스크린에 영화 화면의 불빛만 있었고 장내는 숨소리조차 나지 않아 물 끼얹진 듯이 조용하였다. 첫 화면이 뜨면서 클로즈업되었다. 베스트셀러 유명작가 모습이다. 키가 후리후리하며 늘씬한 중년의 미남이었다.

 장내는 잠시 소곤거리더니 이내 또다시 숨을 죽인 듯이 조용하였다. 한 컷이 바뀔 때마다 사건이 전개되면서 탕! 탕! 총소리가 울리더니 잘생긴 작가가 피투성이가 되어 쓰러져 죽어갔다. 관객들은 또 한 번 설왕설래하면서 출렁거리더니 화면이 바뀌자 언제 그랬느냐는 듯이 거짓말같이 또다시 조용해졌다.

 손에 땀을 쥐게 하는 박진감과 아슬아슬한 스토리가 전개되었다. 사건으로 인해 범인과 무능한 경찰이 수사를 해 나가는 과정, 소설 작가에게 성폭행을 당해 살인을 하는 복수극으로 유일한 목격자인 여자아이가 눈을 감게 되는 내용이었다.

 '폭로' 상영이 끝나자 관객들은 아쉬운 듯 상기되었다. 이어서 관객들과 대화 토크가 시작되어 감독과 주연 배우들에게 궁금한 점을 질의응답 했다. 범인과 형사가 친구인 점, 사건 수사가 홍천경찰서인 점, 어린이가 목격자인 점 등을 이어 나갔다.

 모든 행사가 끝나고 전감독이 동료들에게 휩싸여 빠져나올 수가 없어서 셋이서만 예약된 저녁을 먹으로 갔다. 원조할매 복집으로 자리를 옮겨 (자연 복 1인당 3만 원) 영화 이야기를 하면서 감상 후기를 말하느라 시간 가는 줄 몰랐다.

 전감독은 서울에서 온 대학 친구들과 제자들에게 저녁 식사를 대접하고 서면 롯데호텔에 있는 가족에게로 왔다. 그리고 아빠가 '폭로' 영화가 상영이 끝나자마자 상기되셔서 관객에게 인사하려고 단상 앞으로 나오시던 것을 보았다며 친구와 스텝들은 아빠 패션이 장난 아니셨다고 말하였다.

7. 미국의 두 아우들

20대 후반에 미국으로 건너가 결혼한 두 아우는 어느덧 40년이 흘렀다. 이제는 조카들도 모두 장성하였고, 두 동생도 머리에 서리가 내린 듯 백발이 성성한 모습이다.

미국 버팔로에 있는 큰 아우와 필라델피아에 있는 작은 아우는 오랜 신앙생활이 몸에 배어서 살아와서인지 편안한 인상에 곱게 익어갔다.
역시 사람은 살아오는 동안 무엇을 하면서 살아왔느냐에 따라서 외모로 나타난다. 지적인 모습이든지 아니면 경박한 모습이 외적으로 풍겨 나온다.

큰동생은 미국에서 결혼하면서 군산여고를 나온 보물 같은 제수씨를 얻은 것이 감사할 따름이다. 그 아우가 인생에서 가장 잘한 일이 있다면 배우자를 잘 얻은 게 아닌가 싶다.

본업에도 충실하며 신앙심이 투철하다 보니 생활습관은 늘 부지런한 게 몸에 배어 있었다. 같은 교민들끼리 늘 교류를 하며 초대하여 파티도 하고, 교우들 자택에도 심방을 가서 가족의 건강과 번성을 기도해 준다. 그 가정이 주님의 은총으로 은혜를 받아 번성하여 기도 전도사로 초대받기도 한다. 이제는 소문이 나서 순번을 정하여 심방 갈 정도이다.

버팔로는 나이아가라 폭포와 캐나다 접근 지역 푸른 초원지대로 공기와 물이 맑은 지역이다.

 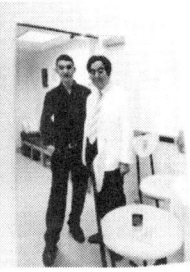 

동생들 내외   조카 혁이와 함께   장조카 전병구와 함께

필라델피아 동생네 집에서는 뉴욕이 가까워 뉴욕 거리와 자유의 여신상을 구경했고, 다음날에는 워싱턴으로 가서 백악관은 물론 링컨기념관을 비롯하여 수많은 곳을 관광할 수가 있었다.

동생들은 모두 장로로 제수씨들은 모두 권사로 우대 받고 있다. 역시 종교와 신앙은 완전한 인간으로 성립하는데 크게 이바지한다. 동생네와 자녀들도 모두 신앙생활을 철저히들 하고 있으니 필자인 형의 마음이 든든하다.

지면 관계상 다음은 70대에 다녀온 일본 (동경, 오사카, 최남단 오키나와), 중국 (자금성, 만리장성, 이화원, 상하이), 베트남 (하노이, 하롱베이) 태국, 호주, 뉴질랜드, 영국, 프랑스, 스위스, 이탈리아 등 60, 70대에 다녀온 수십 곳의 여행은 추억으로 남긴다.

여행하면 단순한 휴식의 의미를 넘어 인생이 바뀐다는 말이 있다. 그리고 여행은 만병통치약이라 하였다. 새로운 곳을 알게 되는 것은 마음을 열어주고 삶에 긍정적인 영향을 가져다준다.

어려서부터 여행을 많이 하게 하는 것은 부모가 줄 수 있는 훌륭한 습관이다. 새로운 문화, 언어, 사람을 경험함으로써 다양성을 이해하고 수용하는 능력이 커지며 고정 관념에서 벗어나 넓은 사고방식을 갖게 되기 때문이다. 그러므로 여행 가방을 메고 집을 떠나 며칠 동안 낯선 곳을 경험하는 것은 신체적 정신적으로 매우 이롭다.

죽마고우 친구들　　　파리 에펠탑 앞　　　교황청 천지창조

여행은 골칫거리 일 스트레스로부터 떠나 쉬면서 재충전할 수 있다. 새로운 장소의 향기와 경이로움은 뇌에 자극을 주어 젊음에 도움이 되며 많은 정보를 얻고, 우울감이 완화될 수 있다.

여행은 혼자가 아닌 가족이 함께하면 유대감을 강화하는 훌륭한 기회다. 함께하는 시간으로 대화와 공감의 기회가 많아지며 일상에서 소홀했던 관계가 가까워지고 친밀감이 회복된다. 자녀가 어리면 교육적인 효과가 있어 보고 듣고 체험하는 것이 책보다 기억에 오래 남는다.

여행의 묘미를 알면 집을 담보로 빚을 내어 세계여행을 다니는 마니아들도 수두룩하다. 유튜브도 여행 유튜버들이 가장 인기가 많다. 고기도 먹어 본 놈이 먹는다고 여행도 해본 사람이 하지, 안 해본 사람은 그게 뭐 좋다고 비아냥거린다. 물론 사람마다 가치관이 다를 수 있을지라도 독자들도 여행의 묘미를 즐기셨으면 한다.

인생을 알려면
① 삼만리 여행을 해보고
② 삼천 권 독서를 해보고
③ 삼천 명 사람과 만나라고 했다.
그래야 만이 인생을 알 수가 있다.

사람은 아는 만큼만 보인다고 하였듯이 세계여행을 해보지 않고는 우물 안 개구리다. 앞으로 계획은 타이타닉 같은 대형여객선인 호화로운 크루즈여행이다.
지금은 예전과 달리 평균 수명이 늘어남에 따라 50대까지를 전반전, 80대까지를 후반전, 120대까지 연장전이라 말할 수 있다. 이것이 인생길이다.

세계여행 중에 가장 기억에 남는 관광지는 스위스 알프스산맥의 만년설과 이탈리아 로마 바티칸성당 천장의 미켈란젤로 천지창조는 10년이 지나도 눈에 선하다.
그 이외도 유럽의 다수가 있지만, 지면이 부족하여 다음 기회에 논하기로 하자.

8. 자서전은 자녀와의 대화

　자서전은 당신을 빛내며 한 편의 소설이나 영화가 된다. 세상은 당신의 이야기를 기다리고 있다. 내가 대통령도 아니고 재벌 회장도 아닌데 자서전을 써도 될까? 자서전은 단순히 개인의 기록 이상의 의미를 담고 있으므로 다른 이에게는 힘이 되거나 멘토가 될 수도 있다. 경험이나 노하우와 그리고 지식과 지혜가 숨어 있기 때문이다.

　자서전은 자신의 인생을 책으로 엮어서 내는 것이다. 일기를 추려 넣기도 하지만 자기가 살아온 삶을 전반적으로 반영하며 쓰는 경우는 회고록이고 자서전은 자신을 위주로 지내온 것을 써내야 한다.

　선거를 앞두고 출판기념회를 하면 자신도 알리고 책판 돈은 정치자금법에도 저촉되지 않아 한사람이 몇십 권씩 팔아 주기도 한다. 자서전은 출판기념회에서 **책판**

돈이 몇억씩 되어 소설가에게 대필을 맡겨서 쓰기도 한다. 자서전 한 권으로 일생을 담아내는 것은 불가능하지만 정치인에게는 독자의 울림이 커서 지지율이 확 올라 선거에서 득표로 이어져 당선 확률이 높아진다.

처칠 수상은 자서전 하나로 노벨 평화상을 받아 그 가치는 무엇보다도 커 정치적 기반이 확고해졌다. 개인적인 자서전은 자신의 이야기를 후대에 남기거나 소중한 사람에게 선물하기에도 가장 의미가 있다. 자서전을 쓰려면 많은 시간과 노력이 필요하며 또한 독자의 감정을 움직일 수 있는 글이 되어야 한다.

또한, 자서전은 자녀들과 평소 못다 한 이야기를 책을 통하여 할아버지 아버지의 일생과 그동안 몰랐던 부분들도 알게 되고 부모에 대해 다시 생각하는 기회가 된다. 책이 싫어서 부모의 자서전마저도 읽지 않는다면 부모가 어떻게 본인을 키웠는지 평생 모르고 지나갈 것이다.

자서전이 아닌 자신의 명언을 60쪽 정도 소책자로 만들어 유권자에게 1년에 1회 정도 꾸준히 무료로 나눠 준다면 그 정치인의 명성이 커져 자신을 몰랐던 중도층에게도 울림이 될 것이다.

평범한 사람에게 자서전을 써 놓으라 하면 놀리느냐며 색안경으로 바라본다. 자서전이 큰 인물이나 쓰는 거라는 고정 관념 때문이다. 자신의 발자취를 남기는 것이므로 누구나 쓸 수 있다. 나의 인생을 되돌아보고 진솔하게 알림으로써 그동안 감추고 드러내지 못하였던 부분을 통해 자기반성을 하는 기회도 된다.

정치인들 자서전은 유권자에게 잘 보이려고 미화되기도 한다. 큰 선거에 앞서서 어필하게 하는 데는 자서전 출판기념회만 한 것이 없다.

이재명 <그 꿈이 있어 여기까지 왔다>
김동연 <분노를 넘어>
김문수 <난세의 영웅>
한동훈 <국민이 먼저입니다>
홍준표 <선진대국 시대를 연다>
이준석 <거부할 수 없는 미래> 등의 자서전은 교보문고에서 꾸준히 판매되고 있다.
그런데 대권이나 국회의원이나 지방자치장에 나올 후보 중에 에이~ 자서전이 왜 필요해 하며 자만하거나 거부하는 후보는 불을 보듯 뻔해 정치생명이 길지가 않다.

거의 작가와 인터뷰 후에 대필하게 되는데 일반인은 6백, 8백인데 반해 정치인은 2천, 3천만 원으로 고가이다. 정치철학에 대한 식견을 피력하거나 고난도의 지식을 피력하여야 하며 미래에 비전까지 제시해야 하기 때문이다.

역대 대통령들 자서전을 대략 훑어보면
박정희 <우리도 할 수 있다>
김대중 <인생은 아름답고 역사는 발전한다>
노무현 <운명이다>
이명박 <시간>
문재인 <운명>
윤석열 <진심> 등이 있다.

호랑이는 죽으면 가죽을 남기고 사람은 죽으면 이름을 남긴다.라는 속담이 있다. 사람은 살아 있을 때 좋은 업적이나 덕행을 쌓아야 한다는 교훈이다.
미국의 링컨 대통령이 어린 시절 비가 오면 새는 오두막에서 살면서 책 살 돈이 없어서 빌려다 볼 정도로 독서광이었다. 변호사가 되고 대통령까지 되어 노예해방으로 업적을 남겨 세계적인 위인으로 남았다.
하지만 자서전은 꼭 위인이 아니더라도 자서전을 통해 내가 잘 살아가고 있는지 성찰하고 이후 책 한 권을 남김으로써 이름을 남기면 된다.

 필자도 자서전을 1권 <천태만상 전반전>, 2권 <인생길 후반전>을 펴내면서 긴 인생길을 뒤돌아볼 뿐만 아니라 후손들에게도 알려주지 못하였던 가족 친척들 이야기, 옛 고향 이야기, 먼 선조들에 삶까지도 알리게 되었으며 또한 인간은 어떻게 살아야 하는가에 대한 인생철학까지도 터득하게 된 계기가 되었다.

 그러면 자서전은 어떻게 쓰는 것일까? 내 인생의 자서전 쓰는 법을 알아보자면 누구나 내 인생은 책 한 권으로는 부족하다고 말하며 막상 자서전을 쓰려면 어디서부터 시작해야 하는지 막막하기만 하다. 간단한 손편지 한 장도 쓰기가 쉽지 않은데 200쪽 이상 책을 쓴다는 건 간단한 일이 아니다. 그러나 그런 막막함을 뚫고 나의 삶이 얼마나 귀중한 이야기인지 일깨워 주는 책이 된다.

 어린 초등학교 시절 어떤 책을 읽고 자극받았던 것부터 풀어나가 배우자와 만남과 결혼 후 자녀를 키우며 힘들거나 보람을 얻은 이야기를 쓰다 보면 한줄 한줄이 곧 나의 역사가 된다.

자서전은 인생의 선물이며 나만의 유산이 되기도 한다. 자신의 기록을 넘어 세상과 나 그리고 가족의 연결고리로 다시 돌아보게 해준다. 자서전은 과거의 상처를 치유하고 현재의 나를 이해하며 남은 여생의 미래를 계획하게 한다. 자서전은 글쓰기 대회가 아니다. 내 인생을 어떻게 살아왔나를 진솔하게 써 내려간 나만의 독특한 책이다.

누구나 처음에는 망설여지지만 어린 시절에 이어 청년기 결혼하여 부모가 되어 중년으로 접어들어 고난과 시련을 겪으며 지내온 이야기에 이어 노년을 보내며 회상하는 이야기다.

되돌아 보고, 여정을 정리하고, 중요하였던 삶을 쉽고 편안하게 표현하면 된다.
독서를 많이 하고 일기를 쓰며 많이 생각하면 글도 잘 쓰게 된다. 그런 부모에게 유전이 된 자녀들도 자연스럽게 독서를 하게 된다. 그리고 그 유전인자가 내력이 되어 손자 손녀의 후손까지도 혈통은 이어진다.

자서전을 쓰는데 잘 쓸 수 있을까 두려움을 갖지말라. 내 인생의 이야기는 내 자신이 가장 잘 알므로 내가 제일 잘 쓸 수가 있다. 숨겨온 비밀 이야기도 이 기회에 용기를 갖고 털어놓는 게 좋다.
관련된 사람에게 누가 된다면 익명으로 처리하면 된다.
옛 추억의 사진을 삽입하는 것도 좋다. 옛날 고향 초가집에서 살던 사진이 있으면 더 없는 추억거리다. 그냥 묻어 두지 말고 숨겨온 사진과 이야기를 쓰다 보면 더 없는 진솔성이 엿보인다.

자서전은 논픽션이며 창작된 수필 형식의 문학이다. 허구가 아닌 사실 그대로의 실화이므로 재미를 더한다. 모든 책은 재미가 있어야 한다. 첫 장에서부터 딱딱하면 한두 장만 읽다가 책장을 덮게 되어 책장에 꽂혀 몇십 년을 먼지만 쌓이게 돼 영원히 죽은 책이 된다.

만권을 독자가 봐 주어야 베스트셀러가 되는데 만권의 베스트셀러 작가가 되려면 상당히 필력이 좋아야 한다. 요즘 책값이 2만 원 전후하는데 2만 원짜리 책이 만권이 팔려나갔다면 2억이다. 작가에게 5천 원씩 인세가 입금된다면 5천만 원이다.

박경리의 토지 시리즈 10권, 조정래 태백산맥 시리즈 10권이 300만 부가 판매되어 문학관이 건립되었으며 몇십 년이 흘러도 독자들이 계속 찾는다.

책을 쓰려면 메모광이 되어 반드시 수첩과 볼펜을 가지고 다니는 것이 필요하다. 불현듯 생각이 떠오를 때 즉시 메모하지 않으면 잠시 후에 잊기 때문에 기본 습관이 되어야 한다. 필자도 쟈켓 안쪽 주머니에는 수첩과 볼펜 가방에는 볼펜과 다이어리가 늘 들어있다. 그리고 볼펜은 혹시 심에 잉크가 떨어질 것에 대비하여 반드시 두 개씩 꽂아 다닌다.

자서전②   자서전①

9. 일인십역(一人十役) 하는 현역

'늙어서 이 나이에 그런 걸 왜 해 편하게 쉬어야지.' 이 말은 옛날 수명이 많이 살아야 60을 살던 그때 환갑잔치 후에 하던 말이다. 100세 시대가 되면서 60에 정년퇴직을 하면 앞으로 긴 60년의 여생을 무위도식하며 산다는 것은 심심하고 지루할 뿐만 아니라 삶이 무의미해진다.

다만 인생길 전반전인 60전의 일과 제2의 인생길 후반 전의 일은 다르다. 60세 이전에 기력이 넘칠 때의 일은 출퇴근을 규칙적으로 하며 본업에 왕성한 활동을 하지만 기력이 떨어진 65세 후반 전에 일은 소일거리로 움직이는 일이 다르다.

필자가 인생길 후반전인 30년을 지금까지 현역으로 보낸 장면들을 이번 장에서 펼쳐 보려고 한다.

전반전인 40대와 50대에 사업할 때는 밤새워 술 접대를 받고 새벽에 들어와 한숨 자고 일어나도 거뜬하고 바쁠 때는 식사도 한 끼 걸러도 끄떡없었다.

40대 초반에 주방용기인 크리스탈 유리 밀폐 찬기를 개발하여 출시하였다. 그때는 TV 광고도 드물 때며 신문광고도 잘 모를 때다. 그런데도 신제품을 구매하려고 주방기구 도매상들이 몰려와 줄을 서서 기다리고 있었으며 지방에서 올라온 상인들은 인근 여관에서 묵으며 제품을 받아야만 내려갔다.

이때는 너무나 바빠서 식사를 한 끼 걸러도 배고픔을 모르고 잠을 못 자도 졸리지 않았다. 젊음이 좋았기 때문이다. 후반전이었다면 있을 수 없는 일이다. 그러다가는 금방 쓰러지고 만다. 제아무리 바빠도 건강이 먼저다. 건강을 잃으면서까지 돈을 버는 것은 가장 어리석은 일이다.

노년에는 삼시 세끼를 제대로 꼭꼭 챙겨 규칙적으로 제때 식사를 하여야 한다. 사람은 먹은 대로 몸이 된다. 식사가 부실하면 노화가 심하여 머리가 빠지고 더 빨리 늙게 된다. 면역력이 약해져 잔병치레하다가 큰 질병에도 쉽게 걸린다.

세계적으로 유행하던 코로나19도 골고루 잘 먹은 사람은 걸리는 확률이 적었다. 먹다 죽은 귀신은 때깔도 좋다고 하듯이 부실하게 먹은 노인은 피부부터가 까칠하고 건강에도 취약하다. 건강을 잃는 것은 전부를 잃는 것으로 제아무리 돈을 벌어 놓았어도 부귀영화를 누릴 수가 없게 된다.

80~90대에 사망하게 되느냐 100세에서 120세까지 사느냐는 60, 70대에 갈리게 된다. 이때에도 현역으로 살아야 한다. 자전거 페달을 밟다가 멈추면 쓰러지듯이 페달을 늦춰 속도를 조절하여 느긋하게 굴러가야 한다. 준비된 사람만 누릴 수 있고, 100세 이상 장수하는 법이다.

요즘은 영양이 좋아지고 의료가 발달하여 자신이 60대인데도 늙었다고 생각하는 사람은 하나도 없다. 아직도 청춘으로 생각한다. 그런데 65세면 노인으로 여겨 정부에서 노령연금을 월 35만 원씩 지급한다.

아직도 새파랗게 젊어서 환갑잔치도 없어진 시대이다 보니 노인 나이를 75세로 올리려고 한다. 75세 어르신이 되어서야 '나도 늙었구나'하고 체감하기 때문이다. 그렇게 25년을 더 살면 100세가 되고 45년을 더 살면

120세가 된다.

　백세시대에 100세까지 사는 것도 적게 살았다고 하는 시대이다. 120을 살아야 하는데 60 환갑부터 노인 취급을 받게 되면 긴 60년 동안이나 노인으로 살게 되는 것이다. 긴 60년을 하는 일도 없이 놀고먹으며 백수 노인으로만 사는 것은 인생을 낭비하는 일이다.

　놀면서 오래 살기만 하는 것은 수명 연장만 하는 것이라 장수하는 게 의미가 없다. 일하지 않고 오래 살면 오랫동안 성인병에 시달리며 살기 때문에 장수가 축복이 아니라 재앙이 되는 것이다.

　나이들어 일한다는 것은 고통도 저주도 아니다. 일은 자신의 꿈을 실현하는 무대이고, 사회에 기여 하는 봉사의 방법이며, 자식들에게 손 벌리지 않는 경제자립의 기초이다. 그래서 일할 수 있다는 자체가 축복인 시대이다.

　서울대 체력과학노화연구소에서 발행한 <장수의 비밀>에 보면 직업과 수명의 관계를 조사한 내용이 있다. 일하는 사람이 노는 사람보다 평균 14년을 더 오래 산다는 연구결과가 있다. 65세 넘어서까지 일하는 사람이 오래 산 케이스는 무수히 많다. 국문학자 이어령 교수도 그랬고, 파블로 피카소도 92세까지 왕성한 창작 활동을 했다.

고인 물은 썩고 흐르는 물은 신선한 법이다. 늘 움직이면 혈액순환이 좋아지고 근육과 관절의 퇴화를 늦출 수있다. 또한 정신적 자극을 통해 치매나 인지기능 저하 예방에도 도움이 된다. 사회와 연결되어 타인과의 관계가 유지된다. 무기력과 사회적 고립은 수명을 단축시키는 요인 중의 하나임을 명심해야 한다. 그래서 장수 노인들의 공통점은 낮에도 누워있지를 않고 텃밭에 나가 일을 하거나 아니면 바깥 활동을 하거나 친구들과 어울려 즐겁게 대화를 하며 보낸다.

본 필자는 아무것도 하지 않고 무의미하게 보낸 적이 한 번도 없다. 의식적으로 움직이려고 노력하며 책을 가까이하지 않으면 자기 성장이 멈추기 때문에 1인 10역을 한다.
① 지혜를 얻으려 신문을 읽고 독서를 한다.
② 매일 일기를 쓰고 새 책을 쓴다.
③ 독자와 고객의 상담을 받는다.
④ 교보문고 주문을 받는다.
⑤ 우체국 가서 책이나 물건을 발송한다.

⑥ 영화에 관한 참여를 한다.
⑦ 신상품 개발을 한다
⑧ 마케팅을 구상한다
⑨ 정기적으로 모임을 한다.
⑩ 관공소 또는 거래처 방문을 한다
 그 이외도 하는 일은 더 많다. 그러나 무리하거나 과로하지 않는 선에서 재택근무를 주로 한다.
코로나 전에는 정식으로 출퇴근하였지만, 코로나가 근무 인식을 바꾸어 놓았다. 스마트폰이 있고 인터넷 발달로 텔레마케터 상담원들도 재택근무가 충분히 가능해졌다.

 상담 직원들은 정식 출퇴근 시 월급제였는데 재택근무로 바뀌면서 매출에 따른 수당제로 바뀌었다. 성실하면 월급보다 수당액이 고액으로 많아지고 불성실하면 급료보다 수당이 적어지기 때문에 능력에 따라 A급 B급 C급으로 분류된다.

 30, 40, 50대 여성들에게는 텔레마케터란 직업이 인기다. 그래서 전국에 80만 명의 일자리가 있다. 보험사 광고, 홈쇼핑 광고, 건강식품 판매, 대리운전 심지어 콜택시 부르는 것도 상담사가 재택근무제로 일을 하고 있다.

필자가 소일거리로 하루를 바쁘게 움직이고 나면 스마트폰 만 보 앱에 5천 보 또는 8천 보가 찍혀있다. 일부러 시간을 내어 걷기운동이나 산책을 하지 않아도 일보러 은행, 우체국, 거래처를 다니는 일만으로도 자연스럽게 걷는 운동이 된다. 또 웬만하면 대중교통을 이용하는 이유는 운동도 되지만 생각을 정리하고 메모하는 데 도움이 되기 때문이다.

본 저자의 책 앞머리 프로필 하단에 저자의 연락처를 기재해 놨는데 독자와 소통하기 위해서이다. 필자에게는 30만 명의 독자와 3만 명의 홈쇼핑 고객이 있다. 필자가 가지고 다니는 핸드폰 3대에 각 1만 명씩 상담했던 고객 번호가 입력되어 있어 소중한 자산이다. 스마트 폰이 출시된 이래 13년간 3대를 소지하고 다니지만 단 한 번도 분실되거나 집이나 사무실에 두고 나온 적이 없다.

이제는 분신이 되어 핸드폰이 없으면 불안할 뿐만 아니라 누가 전화를 하였을 때 받지 못하면 예의가 아니라는 생각에 화장실이나 사우나, 여행 시에도 한 번도 전화를 못 받은 적이 없어 백발백중이다.
자화자찬 같지만, 나이에 걸맞지 않게 귀가 잘 들리고 발음이 또렷하며 인지능력이 수정처럼 맑고 걸음도 성큼성큼 새털처럼 가볍게 걸으니 아직도 젊다는 생각으로 산다.
우리 집 아이들도 아버지는 80대 나이답지 않으시다며 다른 어르신보다 훨씬 젊다고 감사한 일로 생각한다.

 좋은 생활습관이 몸에 밴 것도 있고, 망중한으로 있거나 무상무념으로 멍하니 보내는 법이 없어서이다. 하다 못 해 한가로운 틈새 시간이 있으면 소설 구상이나 신제품 연구로 생각에 또 생각을 한다.

 사람의 뇌는 일생을 아무리 써도 35%도 못쓰기 때문에 잠재 능력은 무궁무진하다. 뇌는 쓰면 쓸수록 발달하고 쓰지 않으면 퇴화한다. 올림픽 선수가 연습을 만 번 하면 금메달을 획득하지만 8천 번만 하면 은메달, 5천 번하였으면 동메달이나 노메달인 것과 같은 이치다.

 106권째 신간 자서전 <인생길>은 살아온 것이 쌓여 오늘날 내 얼굴과 내 모습이 되었다. 필자의 80평생 중 자서전 1권 <천태만상>은 전반전이라면 2권 <인생길>은 노년 30년 후반전의 삶에 대한 스토리다.

 한국전쟁을 겪으면서 어린 나이에 보지 않아도 될 것과 안 좋은 것을 다 보았고 83년간 14명의 대통령을 겪으며 보았으나 존경할만한 위인은 한사람뿐이었다. 모두가 흔히 볼 수 있는 일반 범부에 불과하거나 아니면 그보다도 더 못한 대통령이 거들먹 하였으니 한숨조차 안 나온다. 지도층인 도지사 시장 국회의원은 젊은 여자를 희롱하였으면 돈이라도 주어 무마했어야 하는데 하위층 민초들도 아는 도리를 몰라 몰락하였다.
말썽이 없고 한강에 배 지나간 자리처럼 표시 없이 말끔하게 마무리 짓는 것을 돈 많은 위치에 있으면서도 돈 몇 푼이 아까워 살을 섞었던 그녀들에게 적이 되어 인생 망치는 짓을 하였다.

초등학생 수준도 못 되어 자살을 두 명이나 하고, 두 명은 3년씩이나 옥살이를 하니 어찌 세상 물정도 모르는 사람들이 대통령이 되고 시장이나 정치인이 되었는지 아이러니하다. 아마 이 정도로 사회 물정을 모르는 수준이었다면 독서도 하지 않았을 것이다. 책에는 사람이 살아가는 방법과 인생 처세술이 있고, 마음이 따뜻하고 배려와 큰 그릇으로 커지는 깨달음이 있다. 어리석으면 조약돌만도 못한 작은 마음 씀씀이 때문에 자신들의 운명을 망치고 만다.

필자의 독자 중에는 책이 나오길 기다렸다가 나오는 대로 모두 다 읽은 독자가 여럿이다. 그 독자분들의 한

결같은 이야기는 작가님 책은 읽기가 쉽고 재미가 있다고 말한다. 정보가 많아 유익하다는 분들도 계신다.
그래서 또 다음 신간은 언제 나오냐며 재촉을 하여 연락하고 지내다가 만나서 식사도 하며 친분을 쌓았다.
그 중에는 여자분도 여럿 있다.

지방에 계신 독자분들은 한번 들러달라고 초청이 여기저기서 오는데 시간이 없어 모두 갈 수가 없다. 강원도(양구, 양양), 경기도 (용인, 이천), 충청도(청주, 충주, 대전, 서천) 경상도(구미, 경산, 울산, 부산, 마산) 전라도(광주, 장성, 전주) 제주 등 초대해 오는데 약속을 못 지킬까 봐 미루어 놓고만 있다.
이런 걸 보더라도 나이 들어 가장 하기 좋은 일은 글쓰기와 책을 내는 일이 아닌가 싶다.

문방구를 찾는 사람은 나쁜 사람이 없다는 말이 있다. 그곳은 글을 쓰거나 화가, 조각가, 음악을 하는 예술가들이나 학생들뿐이다. 그만큼 감성이 있는 사람이 주로 찾는다. 책을 안 보고 예술을 모르면 문방구에 들릴 필요가 없다.

필자는 단골 문방구나 서점을 수시로 들린다. 문구점 주인은 웬 대학 노트와 볼펜, 딱풀, 싸인펜을 그리 자주

사가시냐며 장사하세요? 한다. 글을 핸드폰으로 할 때도 있지만 아날로그 방식이 편해 주로 대학 노트에 손 글씨로 쓴다. 책 한 권을 쓰려면 볼펜 12개(한다스)가 모두 다 달아버린다. 그러면 어깨가 오십견이 온 것 같이 저리고 통증이 온다. 쉬면 완화되었다가 다시 시작하면 또 다시 재발하여 통증으로 어깨가 불편하다. 직업병 같다.

이렇게 어렵게 쓴 책을 제일 먼저 주고 싶은 사람이 있다. 한 명은 42년생 친구로 고향에서 같이 자라 초등학교도 같이 다니고 군대도 같이 다녀온 80년 지기 죽마고우 윤 학용이다. 그런데 다른 친구들은 눈이 아파서, 골이 아파서, 나이를 핑계로 책을 안 본다. 그렇다고 여행도 안 간다.

그래서 친구인 학용이 와의 사이는 평시에 내가 먼저 건강식품을 보내고, 명절 때는 한과를 보내면 학용이는 농사를 지어 가을 추수 후에는 햅쌀을 꼭 보내와 잘 먹게 된다. 곡식은 고향에서 나오는 것을 먹어야 건강에 이롭다는데 친구 때문에 고향 쌀로 밥 지어 먹으니 늘 고마움을 잊지 않고 있다.

두 번째 친구는 안양에 사는 이춘구라고도 하는 춘삼

이 친구다. 춘구는 어머니가 다섯이나 계셨는데도 아들은 다섯 엄마 중 넷째 엄마가 춘구 하나만 낳았기 때문에 귀한 아들이고 귀한 친구다.
나와 나이랑 생일까지 같았던 친구는 온양에서 서울에 나보다 먼저 올라와 야간 예술대학에 다니게끔 계기를 만들어 준 친구다. 마마보이였던 춘구가 서울에 친구가 없이 외톨이가 되어 홀로 지내면서 나와 같이 학교에 다니자고 어찌나 졸라대었는지 친구 따라 강남 간다고 뒤따라 다니게 되었다.

　고등학교 국어 선생을 하더니 정년퇴직 후 암이 발병하여 사망하였다. 귀한 자식은 명이 짧다고 하여 춘구를 춘삼이라 부르더니 그 말도 헛되게 젊은 나이인 60대에 일찍 가고 말았다.

　사람은 태어날 때는 누구나가 다 비슷하게 태어나지만, 무엇인가 반복적으로 하는 습관에 따라 점점 다른 길을 가게 된다. 그래서 바른 습관은 미래이며 희망이다. 배우지 않고는 리더가 될 수 없듯이 공부를 하지 않고는 자기 몫을 제대로 해내는 사람이 없다.

　준비된 자의 자세는 다르다. 요리사는 식칼을 갈고 있고 농부는 농기구를 챙기듯이 인생 초년생은 배움에 힘써야 한다. 배움이란 삶 속에서 지식을 익히고, 경험을 통해 깨달음을 얻는 과정이다. 단순히 학교에서 배우는 공부에 국한되지 않고, 사람과의 관계, 실패와 성공, 책과 자연 등 다양한 삶의 요소로부터 얻을 수 있는 모든 것을 말한다. 핵심은 성장하는 것 특히 오늘의 나보다 내일의 더 나은 나로 발전시켜야 한다.

 배움이 짧아 허드렛일을 하는 사람들을 보면 대체로 얼굴에 먹구름이 잔뜩 끼어 비가 금방 내리는 것 같이 어두워 보인다. 배우고 깨달음을 얻은 자들은 여유로운 성격을 지니고 있어 편안한 미소를 띤다.
사람을 수천 명 겪어보면 관상가처럼 사람 보는 안목이 생기게 된다. 생긴 대로 논다는 말이 괜히 있는 말이 아니다. TV에 여전히 핏대를 올리는 정치인 얼굴은 조직 폭력배 같거나 돌쇠 머슴처럼 생겨 먹었거나 욕심이 배 밖에 나와 얼굴에 심술이 덕지덕지 엿보인다.

 사람의 외모는 성격에서 우러나오기 때문에 속일 수가 없다. 거친 성격은 얼굴이 싸움꾼으로 비치고, 따뜻하게 온순하면 얼굴은 선하게 비친다. 생각은 행동을 낳고 행동은 습관을 낳고 습관은 인생이 된다.
성격이 팔자를 만들기 때문에 성질이 나쁜 사람은 타인을 배려하지 않거나 부정적인 태도를 보여 비호감으로 비친다. 결국 본인 몸속에 독이 쌓여 인생을 망치게 된다.

사람은 생긴 대로 놀며 자기 잘난 맛에 산다고는 하지만 늘 콤플렉스를 가지고 있어서 겉으로 자기방어를 위해 하는 행동들이다. 늦은 나이에 추하게 늙고 결국 성질은 죽지만 꼰대로 멸시당하고 만다. 지적이고 온순하며 점잖은 사람은 내면에서 우러나와 곱게 늙어 어르신으로 존경받는다.

사람이 한번 태어나면 인류에 기여한 흔적을 하나라도 남겨야 한다. 전문성을 가진 그림, 조각, 음악, 서적과 같은 것이 아니더라도 타인에게 기억될 만한 일을 해야 한다. 훗날 타인이 나를 기억할 때 '그 사람 참 좋은 사람이었다.'라는 말 정도는 들어야 잘 산 삶이다.

칫솔 하나가 치아 건강에 큰 이바지 하듯 작은 바늘이나 이쑤시개 같은 것이라도 남겼다면 더할 나위 없이 좋다. 필자는 몇십 년 전부터 특허품을 만들어 사회에 이바지했다. 주방용 밀폐 용기를 만들었고, 창작물인 서적이 106권이며, 60대부터 100세까지 인생 후반전인 노년에 꼭 필요한 남성 발기기구 쇠말뚝(의료기)을 개발하여 고령층에게 기여하고 있다.

70대엔 70%, 80대엔 80%가 오는 요실금, 변실금, 전립선 비대로 인해 고민인 분들을 위해 야생마도 개발하였다. 야생마는 옷 입은 채로 앉아만 있어도 케겔 운동이 되며 온열 좌욕기로 효과를 보는 제품이다.

　야생마와 쇠말뚝은 노년의 희망이다. 70대 80대 고객분들 중에는 왜 이렇게 좋은 제품을 이제야 추천하느냐면서 서운해할 정도로 인기 제품이다.
　'물건을 팔려고 하는 인상을 받기 싫어 말씀 안 드렸어요' 하면 노년에 돈이 문제냐면서 밤에 소변 보기도 귀찮아 밤잠을 설치게 되고 또 나이 들어 노화로 부부관계도 못 하는데 이렇게 좋은 걸 몰라서 못 했다고 신기해한다. 박사님이 은인이라고 고마워서 인사차 전화한다는 고객도 많다. 나 역시도 고객으로부터 효과를 보아 만족하였다는 인사를 받으면 기분이 좋다.

　노인들이 말 못 하는 고민 중에 첫째는 발기부전증이다. 두 번째는 소변이 찔끔찔끔 잘 안 나오고 밤이 되면 소변이 자주 보고 싶어 화장실에 여러 번 가느라 밤을 설쳤다는 전립선 비대증이다.

　바야흐로 65세 이상 노인 인구가 2024년 7월 기준 1천 62만 명 시대이다. 국민 10명 중 2명이 노인인데

10년 후면 노인이 2천만 명이 되어 국민 열 명 중 4명이 된다. 현재 평균 수명은 여자 91세, 남자 87세다. 오래 살게 되니 일하고 싶다는 노인이 늘어나고 생명보험 암보험 가입도 80세 이상은 안 되던 것을 90세까지 가입이 가능해질 것으로 보인다. 3개월 이내 질병 진단이 없고 10년 이내 입원수술 경력이 없으며 10년 내 암이나 뇌졸중, 간경화 등 중대 질환 경력이 없어야 한다. 이런 점을 추리해 볼 때 90세에 보험가입 자격이 된다면 100세 이상 장수할 거로 내다보기 때문이다.

현재 우리나라 90세가 넘는 분은 총 16,000명, 98세는 1,071명, 99세 넘는 분은 648명이지만 1년 만에 400명 가까이 사망하였다.
80세 생존율은 30%며 85세는 15%다. 90세가 되면 5%만 생존하므로 보물이다. 백세시대라고 외치지만 누구나 다 백 살을 사는 것은 아니고 85세부터 급격히 사망하여 천명 정도이다. 그러므로 자기관리가 철저한 사람만이 건강하게 인생 승리자가 될 수 있다.

필자는 저녁 식사를 6시에 들면 일체 먹는 것 없이 물만 마시고 10시에 취침에 들어간다. 베개에 머리만 대면 곯아떨어졌다가 2시에 소변을 보고 6시면 눈이 떠진다. 이렇게 8시간을 숙면하고 나면 머리가 개운하고 몸이 가볍다.

 기상 후 물 일체 복용하는 약이 없으니 물만 한 컵을 마시고 6시에 노 젓기 운동 후 7시에 신문을 보면서 계란, 고구마, 과일, 우유로 간식을 하고 8시에 아침 식사를 간단하게 한다. 하루 전에 세운 계획을 한 번 더 점검하고 책을 쓰면서 중간중간 콜이 오면 고객과 상담을 한다.

 교보문고 출판조합에서 주문 온 책과 고객이 주문한 전립선 좌욕기 그리고 노인들 발기부전 휴대용 의료기를 포장하여 우체국에 발송할 겸해서 나가서 걷는다. 이렇게 오고 가고 나면 4천에서 5천 보 운동이 된다.

 광고비, 책 인쇄비, 제품원가, 세금을 제외하면 월급쟁이 정도로 노년을 겨우 보낼 수가 있다. 돈을 버는 것보다 소일거리로 움직이는 게 더 큰 득실이다. 아무 약도 안 먹으니 그게 돈 벌어 주는 거라고 생각한다. 또한 사회 친구모임, 거래처 모임, 고객들 초대 참석, 죽마고우 십우회 모임, 우리 형제자매들 모임에는 **빠지지 않고** 참석하려 한다.

 그러한 활동으로 인하여 지금까지 성인병약을 복용하

지 않게 만들었나 하는 생각이 든다. 중간중간에 자녀들이 여행을 시켜주면 여행 중에도 고객 상담은 빠뜨리지 않고 하는데 자녀들이 아버지가 고령이시면서도 젊은이 못지않게 열정적으로 일하시는 모습이 대단하시다며 존경심을 보낸다.

 5천 권 가까이 독서를 하시고 100권 이상 책을 쓰시며 30만 독자 중 3만 명에게 아침마다 13년째 아침 칼럼을 유튜브로 보내고 계시니 젊게 사시는 것 같다고들 말해주니 감사하다. 이 모든 건 노력의 결과이며 늘 생각하고 머리를 쓴다. 머리를 쓰면 정신이 맑아지고 몸도 따라서 가벼워진다. 뇌가 활발하게 움직여 우울감이나 무기력감이 줄어들어 활력이 생기는 것이다.

 내 건강은 내가 지켜야지 배우자나 자식도 해줄 수 없다. 마음의 위로를 받을 순 있어도 몸은 자신이 직접 돌봐야 장수할 수가 있다. 바른 생활습관으로 죽을 때까지 두 다리로 걸을 수 있어야지 누워서 오래 사는 건 비극이다. 남에게 의지하는 것은 아무 의미가 없으므로 건강은 타인의 선물이 아니라 자기관리의 결과물임을 명심해야 한다.

10. 곱게 익어가는 노화지연

　빨리 늙고 싶은 사람은 한 사람도 없다. 그런데 왜 어떤 사람은 나이보다 더 늙어 보이고 또 어떤 사람은 나이보다 훨씬 동안으로 보일까? 그것은 노화 속도에 달려 있다. 그러면 노화 속도는 어떻게 달라질까? 그것은 생활습관과 유전에 달려 있다. 유전은 바꿀 수 없지만, 생활습관은 얼마든지 바꿀 수가 있다. 삶의 방식이 바뀌면 노화는 늦출 수가 있다.

　늦게 늙어가는 데는 마음과 질병을 어떻게 갖고 어떻게 관리하느냐에 달려 있다. 나이를 먹으면 늙는 것은 당연하지만 빨리 늙는 것은 가속 노화라 해서 큰 걱정이 아닐 수 없다.

　나이보다 더 빨리 늙는 것은 신체 기능이 쇠퇴하는 것으로 과도한 스트레스 환경오염, 불규칙한 생활습관, 늦게 자는 불규칙한 수면습관, 술, 담배, 맵고 짜게 먹는 식습관 때문이다. 이런 이유로 빨리 늙는 사람은 피부 주름이 심하고 항상 피로하고 기억력이 깜박거린다.

나이보다 젊어 보이는 사람은 술, 담배 등 유해한 것을 피하기 때문에 혈액순환이 잘되고 세포재생 능력이 잘되기 때문이다.
우리 몸에는 맛은 있지만 좋은 음식과 나쁜 음식이 있는데 균형잡힌 식단과 황산화 중심의 식사를 하는 것이 중요하다.

요즘 젊은이들도 고령화가 되면서 위기의식이 강해져 저속노화에 관한 관심이 높아졌다. 그래서 운동은 물론이고 보조 영양제도 꼬박 챙겨 먹는 현명한 젊은이들이 많다. 이렇듯 건강은 자신이 살아오면서 생활해 온 습관에 의하여 노후의 인생이 좌우된다.

젊어서 건강관리를 하지 않으면 노화가 누적되어서 노년기에 고생한다. 노년기가 아니라 소아 청소년·청·중·장년기에도 당장 고생하기 마련이다. 고령화 문제가 갈수록 심각해져 20~30년 후에는 제대로 케어를 받기 어려울 가능성이 높다. 건강관리 소홀로 중병을 얻는 건 본인과 가족 모두 큰 고통이다.

병원비와 요양원, 요양병원에 들어가는 돈을 생각하면 금전적으로만 따져도 큰 손해다. 요양원에 들어가는 비용은 한 달에 최소 200~300만 원 이상이며 10년을 가정하면 최소 수억 원 이상이다. 국민건강보험공단의 장기요양보험이나 국고나 지방고 지원이 되어도 장기적으로는 큰 손해다. 그러므로 젊어서 건강관리를 하는 것은 삶의 질뿐만 아니라 금전적으로도 큰 이익이다. 이는 성장기에 있는 유·초·중·고등학생도 예외는 없는데 비만 등 만성 질환의 시기가 소아·청소년계층까지 빨라졌기 때문이다.

아침에 스트레칭 후 식사는 기름지거나 자극적인 음식 대신에 당뇨를 예방하는 오곡이 들어있는 잡곡밥과 채소, 콩(렌틸콩)류를 포함한 건강 식단이 중요하다.
통계에 따르면 꾸준하게 콩을 섭취한 사람은 심장병 발병률이 26%로 감소한 것으로 나타났다.
젊어서는 탄수화물과 육류를 줄이는 식단을, 노년에는 충분한 고기 섭취로 단백질이 부족하지 않게 하는 게 좋다. 노년에 채식 위주의 식단은 자제해야 한다.

암보다 더 무서운 당뇨병을 피하려면 당뇨를 먼저 알아야 한다. 당뇨는 기름진 것을 많이 먹고 움직이지 않아서 살이 쪄서 오는 병으로들 흔히들 알고 있다. 당뇨병은 혈액 속 혈당(포도당)수치가 정상보다 높아지는 만성 질환인데 이는 인슐린이 잘 분비되지 않거나, 분비되어도 제대로 작용하지 않아서 발생하는 병이다.

인슐린은 혈당을 조절하는 핵심적인 역할을 하며 혈당을 낮추는 유일한 호르몬이다. 그러므로 췌장에서 인슐린을 충분히 만들지 못하거나 인슐린이 있어도 몸의 세포가 반응하지 않으면 당뇨에 걸린다.

당뇨병은 혈당이 상승하면서 나타나는 신체적인 변화로 인해 인지할 수 있다. 초기에는 별다른 증상이 없을 수 있으나 혈당이 높은 상태가 계속되면 다양한 증상이 나타나기 시작한다. 초기에는 극심한 갈증으로 물을 자주 마시고 소변을 자주 보게 된다. 식욕이 증가하여 밥을 많이 먹어도 체중이 감소한다. 그 외 증상으로는 만성피로감, 시력저하, 상처 회복 지연, 손발 저림 등 합병증을 일으켜 장기적으로 이어진다.

당뇨병은 예방이 중요하다. 철없는 부모들이 자식에게 기름진 음식만 먹이고 야식을 하며 가공식품을 먹는 데도 이러한 나쁜 식습관을 방치 하면 머지않아 당뇨병을 부추기는 결과를 맞이하게 된다. 당뇨에 걸리면 먹고 싶은 음식을 마음껏 먹지 못하는 고통이 있으므로 사전에 꼭 예방해야 한다.

　당뇨병에 걸리면 치료를 받는데 혈당을 안정적으로 유지하는 것을 목표로 한다. 생활습관 개선, 음식 조심, 가벼운 운동, 약물치료, 인슐린 주사 등 다양한 치료를 한다. 당뇨병 치료에 핵심은 식이요법과 운동이다. 균형 잡힌 소식으로 골고루 먹고 운동으로 체중을 줄이는 것만으로도 혈당 조절이 가능하다.

　당뇨병을 치료하며 관리하지 않으면 합병증으로 고생하게 된다. 당뇨가 무섭다는 것은 갑자기 사망하기도 하며 신경과 혈관 손상이 오며 신장 질환, 심장질환이나 시력을 잃고, 발이 썩어 절단하기도 한다. 그러나 관리를 잘하면 합병증을 예방할 수 있으나 생활의 질은 떨어져 늘 음식 조심을 하여야 한다.

　노화를 가속 시키는 성인병을 앓고 있는 사람이 늘어나고 있다. 현재 우리나라 환자는
　① 암 환자 30만 명
　② 당뇨 환자 5백만 명
　③ 치매 환자 1백만 명이다.

　암 환자는 치료받으면 5년 생존율이 75%라서 암 환

자 10명 중 8명은 평상시처럼 더 건강하게 살아가고 장수에도 아무런 문제가 없다.
하지만 당뇨 환자는 평생을 완치보다는 지속적으로 관리와 치료가 필요한 만성 질환이며 수명도 8년이나 더 감축된다. 합병증을 조심해야 하고 마음껏 음식을 먹지 못해서 삶의 질이 뚝 떨어진다. 그래서 어려서부터 식습관을 부모가 길들여 줘야 한다.

다시 말해 당뇨는 한번 걸리면 아직은 완치할 수 없는 불치병이다. 부모가 당뇨로 고생하는 것을 보고도 젊어서부터 음식 조심을 간과한다면 가족력으로 인해 당뇨병이 더 빨리 찾아온다. 평생을 약을 먹고 인슐린 주사를 맞고 아침저녁으로 혈당을 체크하며 살아가야 한다.

당뇨 환자가 지금은 5백만 명으로 전 국민 열 명 중 한 명이 당뇨지만, 당뇨 전 단계까지 합치면 천만 명으로 당뇨 천국이 될 전망이다. 건강을 잘 챙기는 장수국 1위 일본도 당뇨병 환자가 2천만 명으로 초비상 상태이다.

암, 당뇨, 치매, 노화는 채식 위주의 식단이 필요하다. 채소 중 가지는 혈관을 보호해 주는데 혈관이 막히거나 좁아지는 고혈압, 동맥경화, 심부전증, 협심증, 뇌졸중의 발병을 막아주는 데 아주 좋다.
　가지의 보라색에는 안토시안이 풍부하여 눈 건강은 물론 혈관 내에 노폐물이 쌓이지 않도록 도와준다. 혈액을 맑게 해주어 콜레스테롤 수치도 낮춰준다.

　토마토, 고등어는 콜라겐이 풍부하여 피부 탄력에 효과가 있어 노화 지연에 좋고, 그 이외도 마늘, 호박, 생강, 고추, 부추는 체온을 1도 높여 면역력을 5배 이상 강화한다. 산나물은 약초나 다름이 없어 김과 함께 늘 먹는 것이 좋다.

　건강한 노년은 자기 하기 나름이다.
못 살던 시대의 고정 관념 속에 갇혀 있으면 노화는 가속된다. 그러면 어떤 사람이 노화가 지연되어 젊게 사는 사람일까?
나이가 80대인데도 노인 같지 않은 사람은 자세가 굽은 데가 없이 꼿꼿하고 걸음걸이는 활기차게 성큼성큼 걷는다. 얼굴에는 주름이 없고, 잡티도 없다. 눈은 밝고 귀는 잘 들리고 치아는 튼튼하다.

　내 사무실 옆 건물에 있는 푸른 치과 최 원장님은 서울대 치대 출신으로 50대 후반이시다. 몇십 년간 단골

주치의이시며 앞으로도 30년은 더 검진 치료를 받으러 다녀야 할 곳이다. 최 원장님은 의료 기술이 출중하셔서 믿고 안심이 되어 필자는 푸른 치과 최 원장님 만을 고집한다. 필자의 신간을 원장님께 선물로 드리면 꼭꼭 읽어 보신다. 이번에도 병원문을 걸어 잠그시고 버스를 몰고 탈북자들에게 의료봉사를 다녀오셨단다. 그러시면서 작가님이 주신 탈북녀를 본 게 탈북자들에게 봉사하는데 영향이 컸다고 하시면서 작가님의 책의 힘이라고 하신다. 고마운 말씀이시다.

필자는 건강에 다른 데는 아무런 이상이 없는데 오직 치아만큼은 가끔 치료받는다. 오랜 기간 뵙다 보니 원장님과 인간관계는 돈독하게 되었다. 백 세 이상 삶에는 치아가 가장 중요하다. 앞으로도 오랫동안 더 뵙게 될 것 같아 감사함을 느낀다. 푸른 치과 02-2635-4818

본 필자처럼 머리숱은 탈모가 없이 윤이 나고 풍성하며 피부는 탄력이 있어 매끈하고 몸은 정상 체온으로 따뜻하고 소화가 잘되어 식욕이 왕성하며 정상 체중을 유지하며 잠은 숙면으로 잘 자고 몸에 불편한 데가 없어 먹는 약이 아무것도 없다. 머리는 수정처럼 맑고 몸은 새털처럼 가벼운 이런 사람이 노화 지연의 표본이라고 생각하며 감사한 마음이다.

11. 노년은 건강이 최고다.

　80대 된 노인들을 만나면 모두가 '아이고 힘들어 죽겠네. 아이고 아파 죽겠네. 아이고 안 아픈 데가 없으니 빨리 죽었으면 좋겠네' 하며 거의 괴롭다는 푸념 타령이다. 우리 집안은 할아버지 할머니 그리고 백부님이나 양부모들도 모두 80대에 돌아가셨다.

　그런데 아버지께서는 59세에 간암으로 형은 47세에 간암으로 동생은 65세 간암으로 셋이나 모두가 간암으로 사망하였다. 그러므로 데이터로 볼 때 우리 가족에게 간암이나 위암의 가족력 있는 것이 확실하였다.
그러나 대신에 고혈압 당뇨 치매에 시달리는 가족은 없었지만, 필자는 가족력을 극복하기 위해서 젊은 시절부터 건강에 각별한 주위와 신경을 써가면서 내 건강은 내가 지킨다는 신조의 철학을 갖고 실천에 옮기었다.

　노화를 지연시키려면 면역력이 중요하다. 면역력이 높

으면 모든 만병이 범접하지 못하기 때문이다. 면역력을 높이는 데는 첫째 골고루 잘 먹어야 한다. 그래서 필자는 어떠한 일이 있어도 삼시 세끼를 꼭 챙기고 똑같은 것보다는 가능한 한 영양소를 균형 있게 맞추어 먹었다. 예를 들어 아침에 집에 식사하였던 것을 피하고 점심 메뉴를 바꾸어가면서 신경을 썼다.

둘째가 움직이는 걷기운동이다. 만 보를 걸으려고 운전을 하지 않기로 하여 대중교통을 이용하기로 하였다. 그러면 자연스럽게 걷기운동이 되어 만보기나 스마트폰 앱에 충분히 만 보가 찍힌다.
일부러 만 보를 걸으려고 사무실 전 정류장에서 하차한다든가 전철을 이용 시는 엘리베이터나 에스컬레이터를 피하고 계단을 이용하였다. 헬스클럽에서 트레이너에게 코치를 받으면서까지 과도하게 운동한 적이 한 번도 없다. 일부러 돈을 들이고 시간 낭비라고 생각이 들었다. 운동도 과유불급으로 과하게 운동한 사람은 오히려 관절에 무리가 가 평생 고생하는 사람들을 많이 보았다.

아침마다 조깅을 하고, 주말이면 등산을 가기 위하여 산악회에 버스에 올라 정상을 정복한 것을 자랑으로 삼았던 사람들이 처음에는 모르고 지내다가 나이가 들자 관절염으로 큰 수술을 받아 후회하곤 한다.

필자는 무리한 운동은 자제하여서 80이 지나도 단 한 번도 무릎이나 허리 관절로 괴로웠던 적은 없다. 나이가 들으면 뼈 건강 관절 건강에 좋다는 약이나 건강식품이나 관절 수술을 받으러 다니는 노인들을 흔히 보았다. 나이가 들면 관절로 고생하는 이유는 여러 가지 생리적 변화와 생활습관의 누적 때문이다. 그러면서 연골이 퇴화하여 연골이 얇아지고 닳아 없어져 퇴행성 관절염이 생긴다.

   주부들이 무릎이나 허리를 구부리고 걸레질, 청소, 빨래하는 행동, 그리고 옛날 어머니들이 밭일할 때도 쪼그리고 앉아서 하여 모두 허리, 무릎이 안 좋아 비 오는 날이면 더욱 심하게 고통을 겪으셨다.

   산책이나 걸을 일이 없다면 실내 운동기라도 해야 한다. 삼시 세끼 먹기만 하고 움직이지 않으면 먹은 음식은 영양이 에너지로 소모되지 않아 도리어 독이 된다. 실내 운동기로는 상체운동에는 노 젓기(8만 원)와 아령이 있고 하체 운동기는 계단 오르기(17만 원)와 실내 자전거가 있다.

실내 자전거 / 노 젖기 / 계단 오르기

 세 번째로는 정상 체온을 유지하는 일이다.
찬 음식을 삼가고 겨울철에는 따뜻하게 옷을 입고 밤에는 8시간 이상 잠을 자 숙면을 하여야 한다. 잠이 보약이라는 말이 있다. 노후에는 잠이 없어 뜬 눈으로 보내거나 토막잠으로 밤잠을 설치거나 아니면 전립선에 이상이 생겨 화장실에 들락날락하다가 날 밤을 새우지 말아야 한다.
 흔히들 감기를 달고 살거나 대상포진이 자주 재발 되거나 심지어 눈 다래끼나 피부에도 이상이 생겨난다.

 음식은 차거나 뜨겁게 먹지 말고 맵거나 짜게도 먹지

말아야 한다. 또한 20% 부족하게 소식을 하며 제아무리 바빠도 규칙적으로 식사 때를 지켜야 한다. 기상은 6시, 아침 식사는 8시, 점심은 1시, 저녁은 6시에 하는 것이 좋다. 숙면을 위해 야식은 하지 않고 위를 쉬게끔 14시간 속을 비워주어야 한다.

우리 몸이 하루 필요로 하는 수분 섭취량은 2.5L이다. 실제로 우리가 섭취하는 물의 양은 1.3L로 약 7컵이고, 식품 속 함유된 물로 섭취하는 건 1L 정도이다. 그러므로 적어도 하루에 7~10컵 정도의 물을 수시로 섭취해 주는 것이 우리 몸의 신진대사에 도움이 된다. 하지만 식사 중이나 식사 직후에 너무 많은 양의 물을 섭취하는 것은 소화에 부담을 줘서 식전 30분 식후 30에 마시는 것이 바람직하다.

에너지가 되는 식사를 하고 움직이는 운동을 하고 내일을 위하여 휴식과 수면이 중요하다. 근심 걱정이 있거나 과식을 하였으면 잠이 잘 오지 않는다. 자다가도 덥거나 추우면 잠에서 깨어나게 되며 불빛이 밝아도 수면에 방해가 된다. 그리고 수면은 습관으로 제시간에 자고 제시간에 일어나야 한다.

화장실에 갔다가 와서 잠이 안 온다고 휴대폰이나

TV를 보면 잠은 도망가므로 금물이다. 잠을 못 자면 피로하여 머리가 아프며 컨디션이 나빠서 짜증이 난다. 일에 능률도 오르지 않고 밥맛도 없으며 소화도 안 된다. 특히 나이가 들면 잠이 잘 안 오므로 면역력에 취약하게 된다.

필자는 머리에 베개만 대면 금방 잠이 들어 무려 9시간을 푹 자고 나서야 잠에서 깨는데 아주 상쾌하다. 날아갈 듯 컨디션이 최고조에 이르며 잠을 못 자 고통이라는 말을 들으면 이해가 가지 않는다. 두한족열(頭寒足熱)이라고 머리는 차게 하고 발은 따뜻하게 한다는 말이다. 그러므로 잠자기 전 물 없이 하는 족욕기로 15분간 족욕 후 수면 발 덮개로 8시간 타임을 설정해 놓으면 밤새도록 발이 따뜻하여 잠을 푹 잘 자게 된다.

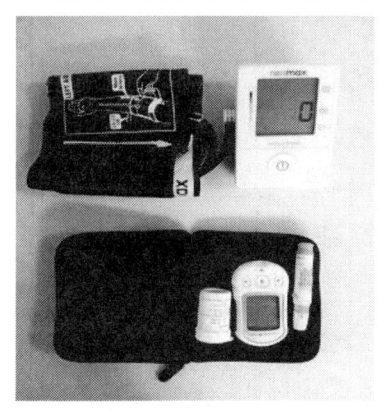

혈압기 와 당뇨 체크기

그리고 예방을 위해 혈압과 당뇨 체크를 가끔씩 한다.

 나이 드신 분들이 밤잠을 설치는 것 중에는 가장 많은 게 생식기 이상이다. 전립선, 요실금, 변실금, 방광, 고환, 자궁 질 회음부 문제로 인해 수면장애를 겪는다. 그 누구에게도 말 못 하는 고민으로 인하여 방치하는데 이는 병을 키울 뿐만 아니라 밤잠을 설치는 원인이 되기도 한다. 그러므로 삶의 질이 급격히 떨어져 하루가 다르게 늙는다.

 생식기 강화하는 데는 옷을 입은 채로 온열 좌욕을 하는 '야생마'가 좋다. 항문을 조이는 케겔 운동은 전립선뿐만 아니라 나이 들어 오랫동안 부부 관계를 하지 못한 분들에게 노년에 희망이 찾아온다.
개발자인 필자에게 기꺼이 전화하여 '박사님 감사합니다. 왜 이렇게 좋은 제품을 진작에 좀 알려주시지 않으셨어요' 하면서 만족함과 서운함 드러낸다. 그럼 필자는 '물건을 팔려고 하는 모습으로 비추는 것 같아서 미처 말씀 못 드렸습니다'라고 말한다.

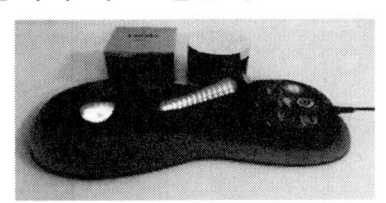

야생마의 사용법은 아주 간단하고 시간 들여서 할 필요가 없다. 하루에 아침저녁으로 15분씩만 앉아서 사용하며 전원 버튼을 누른 후 원하는 부위를 터치하기만 하면 된다. 운전할 때는 자동차 내부에 짹을 끼우면 되고, 업무를 볼 때 사무실 의자에서, 집에서 TV 볼 때는 소파 위에 놓고 앉으면 된다. 야생마를 사용하면 서서히 생식기와 뱃살이 따뜻해져 자연스럽게 몸이 풀리면서 혈액순환이 되어 생식기 운동으로는 야생마 하나로도 충분하다.

필자가 오랫동안 먹고 효과 본 불로장생은 몸이 차고 기력이 없어 숙면하는 데 불편을 겪는 분들이 드시면 좋다. 잠자기 전 한 스푼 떠서 드시고 물을 마시기만 해서 아주 간단하다. 필자가 노화를 늦추기 위하여 개발하여 꾸준히 섭취하였더니 젊음이 유지되고 있다.

한 병에 6개월분이며 건강과 노화 지연에 필요한 좋은 것은 다 담았다. 나이가 들수록 자신에게 좋다는 것에는 투자할 줄 알아야 한다. 죽을 때 돈을 싸가지 갈 것도 아니고 후회 없이 건강하게 살아야 한다. 자기 인생은 누가 대신 살아주지 않으며 자식도 배우자도 대신 살아줄 수 없다.

돈 때문에 망설이며 몸에 좋은 것도 못 먹고 건강기구도 사용하지 못하면 오히려 나중에 약값이 더 든다. 정신은 육체를 지배하기 때문에 노년에는 정신을 맑게 유지하는 것이 더욱 중요하다. 정신이 흐리면 몸도 무너진다. 늙어서는 뭐니 뭐니해도 건강이 최고라는 것을 꼭 명심해야 한다.

치매에 걸린 아내를 간병 하던 남편과 아들이 결국 존속 살인을 하는 비극이 발생하여 사회적 충격이 되었다. 긴병에는 효자 없다고 오랫동안 병을 앓는 가족을 돌보는 일은 그만큼 힘이 든다. 그러니 내가 병을 앓아 가족을 힘들게 하는 일은 없도록 해야 한다.

모든 병은 예방이 중요하여 건강상식을 알고 실천하는 것이 필요하므로 책을 통해 뉘우치고 깨우쳐야 한다. 책이라면 손사래를 치고 벌레 보듯 하는 사람들의 부정적인 생각은 곧 질병으로 고통을 겪다 단명으로 이어진다는 것을 알아야 한다.

필자가 만약 정치인이 된다면 독서운동부터 하고 싶다. 독서가 얼마나 인생을 바꾸는지 체험했기 때문이다. 독서의 힘은 단순한 정보 습득을 넘어서 사람의 생각이나 감정 그리고 인생까지 바꾸는 깊은 영향을 가진다.

사고력과 상상력 창의력이 생기며 깊이 있는 지식을 제공해 주고 언어능력을 향상시켜 지식인이 된다.

 국가는 책을 통해 보다 나은 사람이 되고 얻은 정보로 국민이 건강해진다면 재정 예산을 줄일 수 있으며 또 창의적 아이디어가 국가의 위상까지 바꿀 수 있다.
필자도 독서를 하고 아이디어가 생겨 80건 이상의 특허를 획득하였다.

 습관이 되지 않았다고 독서를 외면하고 텔레비전이나 인터넷에 시간을 빼앗겨 책을 멀리하면 감정이 메말라져 공감 능력이 생기지 않아 사회성에도 문제가 생긴다. 극단적으로 범죄자들을 보면 독서 하는 사람이 없다. 그만큼 독서는 사람을 만든다.

 훌륭한 큰 인물들의 공통점은 독서로 거목으로 우뚝 설 수 있었다. 지금이라도 늦지 않았으니 책을 가까이 해야 인생이 달라지고 꿈이 생긴다.
필자도 5천 권의 독서를 하면서 100여 권의 글을 쓰게 되어 아직도 현역으로 지내며 나이를 잊고 산다. 그래서 사람들은 만나기만 하면 '그대로네'라고 하여 별명이 '그대로'가 되었다.
 독서는 장소의 구애를 받지 않고 나이가 많아도 할

수가 있습니다. 시간이 없어서 책을 읽지 않는다, 나이가 드니 시력이 나빠서라는 것은 핑계에 불과하다. 독서는 시간 내서 하는 게 아니고 늙어서는 시간이 많으니 독서 하기에 오히려 좋다. 독서는 습관이라 하루에 몇 장이라도 읽도록 가까이 두고 읽는 것부터 시작해야 한다.

제아무리 권력을 잡아 천하를 호령하고 억만장자라 한들 병들어 있으면 종이호랑이보다 더 나을 것 하나 없다. 노년의 최고는 권력도 재력도 아니고, 아무 데도 아픈 곳 없고 불편한 곳이 없어 야생마처럼 천방지축 나다니는 것이다.

필자가 해온 대로 비결을 따라 해 보면 건강하게 장수를 누릴 거라고 확신한다. 거짓말 같고 믿지 못하더라도 손해 볼 것이 없으니 '불로장생'을 상담하시어 해답을 얻으시길 바란다.

누구나 첫사랑에서 깨달을 수 있듯이 재차 말하지만 정신과 육체는 강하게 연결되어 있다. 그러므로 감정이 육체에 끼치는 영향은 매우 커서 긍정적인 마음으로 화를 다스릴 줄 알아야 한다.
나이가 들면서 너무도 쉽게 '늙으면 아무 소용 없어져'

하며 나이를 비관하는 말을 하는 사람들이 있다. 이렇게 나이 듦에 대해 부정적으로 생각하는 것이 실제로 정서 및 신체 건강을 나쁘게 하고 수명을 단축한다는 연구결과가 있다.

 분노와 울분은 정상적인 신체회복 기능을 손상시키고 혈관을 수축시키며 혈압을 높이는 일이다.
그래서 갑자기 화가 치밀어 오르거나 악을 쓰다가 정신을 잃고 쓰러져 응급실로 실려 가는 데 이런 것만 보아도 화를 참지 못하는 것이 얼마나 우리 몸에 해가 되는지 알 수가 있다.

 전형적인 조선 시대 노인처럼 살지 말아야 한다.
60세 정년이 되면 나도 늙었다며 자녀에게 의지하고, 아무것도 안 하면 자식에게 짐이 되는 시대는 지났다.
백 세까지 자신 스스로 독립적으로 살아가야 한다.
나 자신 하나도 건사하지 못하고 남의 도움이나 받으며 살면 존경받지 못한다.

 독자분들은 꼭 독서 습관을 들이셨으면 한다.
삼청교육대에 끌려가서 인간 개조를 시킨다고 짐승 두드려 패듯 패고, 짐짝 취급하며 노예 대하듯 하였어도 개과천선한 사람은 단 한 사람도 없다. 인간은 몽둥이

교육하는 것이 아니라 독서로 개조해야 올바른 인간이 된다.

　사람이 사는 데는 규칙이 있고 이것이 살아가는 교과서다. 시도 때도 없이 규칙을 무시하고 아무렇게나 사는 사람들이 규칙적으로 사는 사람보다 수명이 줄어들어 단명을 자초하는 것을 주변에서 자주 보았다.
　살아온 대로 살아간다. 지금까지 살아온 것이 쌓여 오늘날에 자신의 얼굴 모습이 된다. 건강은 젊었을 때부터 지켜야 노후에도 불편하거나 '아이쿠'하며 엄살을 부리지 않는다.

　건강검진도 1년에 한 번씩은 꼭 받아 철저히 자기관리를 해야 한다. 생활습관이 무질서하고 건강상식을 무시하며 살면서 건강 장수를 바라는 것은 망상일 뿐이다. 장수는 늘 자신의 건강을 염두에 두고 조심하고 절제해야지 그냥 얻어지는 것이 아니다.

12. 무서운 치매 비극

늘 좋은 생활습관을 유지한 사람만이 노화가 지연되어 젊음을 유지할 수 있다. 하지만 알고는 있어도 실천하지 못해 건강에 적신호가 오고 나서야 후회를 한다.

늙어서 가장 무서운 적은 치매이다.
노인 인구가 늘어남에 따라 치매 환자도 증가하고 있어 현재 우리나라의 치매 환자 인구가 무려 백만 명이나 되니 심각한 문제로 대두되고 있다. 그뿐만 아니라 요즘은 노인뿐만 아니라 젊은 사람에게도 이른 치매가 발생하기도 한다.

치매에 걸리게 되면 기억력과 계산 능력 등이 저하되어 환자 본인도 평상시에 잘 하던 일상생활들이 어려워지고, 언어 장애나 성격과 감정 변화들이 생겨 주변 사람들까지도 힘들어지게 되다 보니 암이나 당뇨, 그 어떤 병보다 무서운 병이 아닐 수 없다.

치매는 아직 치료 약이 없으므로 예방과 조기발견이 중요한데, 초기 인지장애 발견 시 관리하면 증상 개선에 도움이 되나 초기에는 절대 치매라는 것을 인정하지 않는다. 이때 보건소에 가면 무료로 치매 검사를 해주므로 조기에 발견하여 치매 진행을 늦춰야 한다.
우리나라는 100만 치매 환자로 몸살을 앓고 있으며 일본도 400만 명의 치매 환자로 간병인이 따라붙어야 하므로 국가재난으로 심각성이 대두되고 있다.

치매는 뇌세포가 손상되면 재생되지 않기 때문에 건강할 때 예방하는 것이 최선이다. 혈관성 치매를 제외하면 주로 뇌에 특이한 단백질 노폐물이 쌓이는 것이 치매 발병의 원인이 되고 있다. 비정상적인 단백질 물질이 쌓이는 원인이 다양할 수 있는데 유전자 문제일 수도 있고 환경적인 원인이나 가장 중요한 원인은 생활습관이다.

치매에 노출되는 사람들의 특징을 보면,
젊을 때부터 건망증이 심하다.
무엇이든 읽는 것을 싫어하며 게으른 편이다.
가족력이 있는데도 예방하지 않는다.
반대로 치매에 안 걸리는 사람들의 특징은
나이와 상관없이 새로운 일에 도전하고 배우는 사람

끊임없이 활동하는 사람
독립심이 강해 일상을 스스로 해결하는 사람 등이다.

  치매가 나는 안 걸릴 거라는 생각을 한다면 오산이다. 치매는 누구에게나 올 수 있는 병이므로 어떤 병보다 예방이 중요하다. 치매가 가정의 지옥으로 얼마나 무서운가를 겪어보지 않은 사람은 상상하지 못한다.
노인성 치매로 한 가정이 무너지는 비극적인 실화는 주변에도 많이 볼 수 있다.

  딸 홍수진과 아들 홍문영 남매를 둔 가정의 어머니 배은실은 60 때부터 치매가 오기 시작하였다. 남편 홍석현은 직장도 그만두고 아내 곁에서 수발들기에 지쳐갔지만 그래도 내색 한번 않고 극진히 돌보며 보기 드문 부부애를 보여주었다. 아내 배은실은 남편이 돌봄서비스차 주민센터에 방문하여 창구에 있는 여자와 남편이 대화하는 것만 보아도 '네년이 우리 남편과 무슨 사이냐'면서 의처증 치매로 쌍욕을 해대니 민망해서 어쩔 줄을 몰라 해도 막무가내다.

  그러한 광경을 자주 본 출가한 딸도 엄마 때문에 못살겠다며 고생하시는 아버지에게 간청하였다. 엄마는 아버지가 없으면 아무것도 하실 수 없으니 이러지 마시고 어머니를 요양원에 모시지요. 거기에는 의사 선생님도 계시고 요양사도 돌보미 서비스하는 분들도 있으니 제가 월 요양비는 보태 드릴 터이니 그리하자고 하였다. 친정에 올 때마다 간병에 고생하시는 아버지께 너무 안타까워 졸라대는 거였다.

그러나 그럴 수는 없다 하시며 아버지는 애기가 된 엄마에게 밥도 해서 떠먹여 드리고 대소변으로 더러워진 엄마의 옷을 세탁하셔서 갈아 입혀 드리면서도 싫은 내색 한번을 하시지 않으셨다.
딸이 애처롭게 아버지를 바라보면서 이러시다가는 아빠도 병이 나시겠으니 이제라도 요양원에 모시도록 하자는 간곡한 청에 마지 못 해 승낙을 하게 되었다.

아들은 전화를 받고도 보이지 않았고, 딸은 승용차 트렁크에 어머니의 옷가지와 짐을 실어서 출발하려는데 엄마는 어디 가느냐면서 그 정신에도 눈치를 채시고는 한사코 안 간다고 투정을 부렸다. 아버지는 마음이 약해지셔서 눈물을 흘리면서 트렁크에서 짐을 모두 다 **빼**내었다.

하는 수 없이 엄마를 내려 드리고 딸은 자기 집으로 돌아가야 할 수밖에 없었다. 다시 원점으로 되돌아 온

노부부는 70, 80이 되면 많이 걸리는 암과 치매를 피해 가질 못하여 부부의 정마저 갈려놓으려 하였다. 그래도 사랑의 힘이 크기에 살아도 같이 살고 죽어도 같이 죽자며 홍석현은 굳게 맹세하였다.

홍석현은 아내와 식사할 저녁밥을 지어 밥숟갈 위에 고등어 반찬을 올려놓으며 '아~ 해요' 하였다. 수저를 입에 갖다 대자마자 뿌리쳐 방바닥에 밥풀과 생선이 모두 흩어져 버리고 말았다.
그래도 이런 일은 다반사이므로 화도 내지 않았다. 아내에게 다시 밥을 떠서 아~ 하면서 입에 넣을 때까지 계속해서 밥을 떠먹였다.

아내를 얼마나 사랑하는지 '여보~ 치매가 오래가도 좋으니 오래 오래만 살아줘 여보' 하면서 진심으로 사랑의 순애보를 보였다.
사랑이 없이는 불가능한 일이다. 사랑만이 모든 시련과 난관을 극복할 수가 있기에 아내 배은실은 치매를 앓고 있지만, 남편의 사랑으로 20년 가까이 생명을 유지할 수 있었다.

노년의 슬픔은 병들어 가는 것이다. 미처 예방하지 못해 막지 못한 것은 불행이다. 20년을 치매에 시달리고 있던 아내를 극진히 돌보던 남편이 이상해졌다. 집에 정기적으로 찾아오는 돌봄 서비스가 아버님이 이상하시니 보건소에 모시고 가서 치매 검사를 받아 보겠다고 하였다.

안 가신다는 것을 딸에게 연락하여 딸의 설득으로 보건소에 갔다. 무료 치매 검사를 받은 결과가 일주일 만에 나왔는데 치매 중증으로 소견이 나왔다.
홍석현은 담당 의사 선생님의 팔을 붙잡고 애원을 한다. '선생님~ 살려주세요. 제가 치매로 아무것도 못 하면 우리 아내는 어떻게 해요. 마누라를 살리려면 제가 있어야 해요'. 그러나 증세는 이미 깊어져 있어 어찌할 도리가 없었다.

처방전 치매약을 복용해도 예전으로 돌아가지는 않고 심각하였다. 홍석현은 각오하였다. 부부가 잠이 잘 오지 않는다며 내과에 가서 불면증 처방전을 여러 번 받아서 수면제를 다량으로 모았다. 자식들도 눈치채지 못하였다. 돌봄 서비스 신고로 119 구급대가 오고 경찰이 오면서 발칵 뒤집혔다.

어머니는 사망하고 아버지는 중환자실에서 3일 만에 깨어났다. 그러나, 경찰이 찾아와 홍석현을 살인 혐의로 체포하여 연행해 갔다. 그는 경찰서에 와서도 생각이 나지 않아 왜 내가 여기 와 있느냐 마누라를 누가 돌보냐면서 막무가내로 나가려 하지만 경찰은 살인 증거가 뚜렷하므로 구속해 재판에 기소되었다.

 재판이 열렸다. 재판은 증거 위주이므로 검찰은 유죄를 주장했다. 홍석현의 팔뚝에 긁힌 상처에서 아내 배은실의 손톱 안에 묻어 있던 DNA가 일치했기 때문이다.
그러나 국선 변호인은 돌보미의 증언으로 그 상처는 사망 3일 전에 약국에서 상처에 바르는 연고를 사다가 홍석현에게 발라주었다고 주장했다.

 상처만으로는 살인 혐의가 인정되지 않았다. 경찰은 재수사에 들어갔고 현장에서 증거를 다시 찾기 위해 홍석현의 집을 다시 수색해 보았다. 마침내 경찰은 놀라면서 쾌재를 불렀다. 확실한 증거가 확보되었기 때문이다. 그 증거는 반송되어온 편지 한 장이었다.

 홍석현이 딸 홍수진과 아들 홍문영에게 남긴 '아들딸아 보아라. 이제는 엄마와 아빠가 함께 가려고 하니 그리 알아라. 장례는 엄마와 함께 수목장으로 치러 다오.'라는 유서 한 장이 결정적인 증거가 되었다. 재판부도 아내를 살해한 남편을 유죄로 판결을 내리려고 사건 경위를 읽어 내려가는데 사건 경위는 다음과 같았다.

아내와 같이 동반자살을 하려고 수면제를 나누어 아내에게 억지로 먹였는데 아내 배은실이 뱉어서 동반자살이 실패로 돌아가자 베개를 코에 대고 눌러 질식사로 사망케 하고 홍석현은 위 세척으로 살아나게 되었다. 하나 피고는 치매가 심해 수형 생활을 할 수가 없으므로 집행유예 4년을 선고한다.
이렇게 치매로 인한 참극은 허무하게 끝이 났다.

이런 비극을 사전에 예방하려면 천태만상 자서전 1권에서도 말했듯이 건강과 독서는 늘 염두에 두고 실천하고 있다. 젊은 시절 군 생활 때 배태덕 중대장으로부터 들은 명언이 큰 울림이 있었다. 그 후 두 가지 문장을 지금까지 실천에 옮기고 있다.

5천 권 가까이 독서를 함으로써 건강은 건강할 때 지켜야 하는 이치를 깨닫게 되었다. 그래서 불치병 없이 오늘날의 내가 만들어지지 않았나 싶다. 건강에 나쁘다는 것은 절대로 삼가고 건강에 좋다는 것은 이치에 맞게 지금도 응용하며 지내오고 있다.

공부하라고 성화를 하지 않아도 자신이 알아서 하면 우등생이 되듯이 건강 역시도 자신이 스스로 깨닫고 터득해서 꾸준히 실천해 나가야 초고령에 노년까지도 아픈 데가 하나도 없이 지낼 수 있다. 그래서 행복은 하늘에서 거저 뚝 떨어지는 것이 아니라 자신 스스로 만들어 가는 것이다.

치매 시에는 약물치료가 주로 이루어지지만, 치매가 아니고 그저 인지장애 수준일 때는 운동치료, 현실 인지 인식훈련으로 치료가 가능하다.

초기 치매 증상은
① 날짜와 요일을 기억하지 못한다.
② 전깃불을 끄지 않거나, 화장실 물을 내리지 않고 그냥 나온다.
③ 가족기념일을 기억하지 못한다.
④ 금방 다녀온 데를 모른다.
⑤ 물건을 어디 두었는지 모른다.
이런 경우 조기 치료에 들어가야 한다.

13. 자기 계발

  사람은 초등학교 시절부터 수재로 늘 일등만 하였다고 해서 어른이 되어 사회에서 성공하는 것은 아니다. 공부는 잘할지 몰라도 인성이나 덕성이 부족하거나 처세술이 부족하여 밀려나기도 한다. 문제가 있더라도 현실을 직시하고 유연하게 대처하면 대기만성으로 큰일을 하게 된다.

  자신 하나를 다스리지 못하면 가정을 다스리지 못하고 가정을 다스리지 못하면 사회를 다스리지 못한다. 인생은 새옹지마(塞翁之馬)와 같아서 잘나갈 때도 있지만 나쁠 때도 있으며 좋은 일이 나쁜 일의 계기가 되고 나쁜 일이 오히려 좋은 결과를 가져오기도 한다.

  제아무리 못난 사람이라도 맨땅에 헤딩만 하는 법은 없으므로 이제는 올라갈 일만 남았다는 긍정적인 생각을 해야 한다. 괴테(Goethe)의 말처럼 눈물 젖은 빵을 먹어본 사람만이 인생을 아는 법이다. 고통과 절망을 겪어 본 사람만이 진정한 인생의 깊이를 이해할 수 있어서 시련을 겪을수록 성장하게 된다.

십 년이면 강산도 변하는 것처럼 이 세상에는 변하지 않는 것이 없다. 영원하리라 믿고 맹세했던 사랑도 3년이 지나면 권태기가 와서 헤어지고 굳건하던 바위도 비바람에 조금씩 깎이고 침식한다. 하물며 사람이 80년을 살아 늙으면 당연히 병들어 무용지물이 된다.

그러나 사람은 자연과 달리 정신에 달려 있다. 영원할 수는 없으나 교육을 받아 지혜로운 사람은 두 배로 더 살 수 있다. 학력이 있거나 없거나 노동자나 대통령의 차이는 있겠지만 배우고 실천한 사람의 인생길은 자기 관리를 어떻게 하느냐에 따라 달라진다.

노무현 대통령은 농협 입사시험에 떨어져 공사장에서 막 일을 하다 치아가 부러졌고, 정주영 회장은 불이나 전 재산을 잃었지만, 시련을 극복하여 성공을 일구어내었다.

인간은 흔적을 남기고 죽어야 한다. 생각이 굳어지면 이념이 되고, 이념이 굳어지면 신념이 되고, 신념이 굳어지면 행동이 된다. 이 글을 뜻깊게 전해 들은 칭기즈 칸은 남의 말에 귀를 기울여 현명해지는 법을 배웠다. 자기 이름 자도 못쓰던 그는 세계적인 영웅으로 몽골제국의 우상이 되었으며 너무 막막하다고 포기하지 않고, **뺨**에 화살을 맞고도 살아남아 세계를 정복하였다.

사람에게는 기회라는 게 있다. 기회는 준비된 자에게만 찾아오므로 준비되지 않았으면 찾아왔다가도 사라져 버린다. 한번 찾아온 기회는 다시 찾아오지 않아 기회를 잡으려면 늘 깨어 있어야 한다.

사자도 먹잇감의 기회가 왔을 때 목덜미를 물고 숨통이 끊어질 때까지 끈질기게 문다. 어렵게 찾아온 기회를 놓치는 것은 어리석은 짓이다. 그래서 사람은 배워서 현명하고 지혜로워야 기회를 포착할 수가 있다. 그러나 그릇이 안 돼서 평생 어렵게 사는 것은 자기 생각이 팔자를 만들기 때문이다.

축구선수가 오랜만에 골대 앞에서 골 찬스가 왔을 때 헛발질로 골인 기회를 못 잡은 것은 천추의 한이 될뿐더러 관중과 팬들에게 실망감으로 이어진다. 이는 운이 없는 게 아니라 연습 부족으로 준비가 덜 되었기 때문이다.

운동선수는 와신상담(臥薪嘗膽)하듯 바늘방석에 누어 쓸개의 쓴맛을 보며 원수를 갚듯이 마음먹고 온갖 어려움과 괴로움을 참아내야 언젠가는 톱스타가 되는 법이다.

고생 끝에 낙이 오듯이 언제나 고생만 하는 것은 아니며 그렇다고 행복한 날만 지속되는 것도 아니다. 괴로움과 시련이 있기에 만족과 행복도 오는 것이다. 사람에는 행복한 날만 계속 있어도 평범한 한 일상이 지겨운 법이다. 맛있는 음식도 3일 동안 매일 먹으면 질리듯이 괴로움과 시련이 번갈아 있기에 인생이 돌아가는 것이다.

골이 깊어야 산이 높고 엄청난 열이 가해져야 훌륭한 명검이 나오듯이 와신상담과 고난은 우리를 더 강하게 만들어주는 보약이다.
시련을 겪어보지 않은 사람이 정상에 올라갔을 때 자멸하는 사람을 자주 본다. 노무현 대통령은 퇴임 후 자살하고, 윤석열 대통령은 인생을 몰라 3년 만에 탄핵당했다.

자멸하는 사람들은 남의 잘못으로 무너지는 것이 아니라 자기 안의 나약함이나 교만으로 무너진다. 자신이 술을 안 먹었으면 돌부리에 걸려 자빠지지 않았을 터인데 돌부리나 전봇대가 있어 부딪혔다고 생각한다. 이처럼 자멸은 외부 공격이 아니라 내면의 무지에서 비롯되므로 스스로의 어리석음과 자만으로 무너지는 것이다. 그러므로 진정한 변화는 자기 성찰에서 시작된다.

평온한 바다는 유능한 뱃사공을 만들 수가 없고 봄비와 여름비 없이는 만물을 성장케 할 수 없듯이 순탄한 환경에서는 진정한 실력이나 내면의 성숙이 길러질 수 없다. 오히려 시련과 고난을 마주할 때 자신의 잠재력을 발견하고 위기를 극복할 수 있다.

금수저는 부모님 덕분에 시련을 겪어본 적이 없어 고생 없이 호의호식한 사람이며, 흑수저는 배곯으며 살면서 경제적 도움 없이 모든 것을 스스로 해결해야 하는 사람을 상징적으로 이르는 말이다.

금수저는 실제 사회의 어려움과 고통을 체감한 적이 없어 시련과 좌절이라는 거친 파도가 몰아치면 무너지기가 쉽고, 반면에 흑수저는 어려움을 스스로 극복한 경험이 있어 빠르게 현실을 직시하는 힘이 있다.

가난한 환경에서 살아온 사람은 스케일이 작을지 몰

라도 개중에는 위기를 기회로 바꾸어 흑수저에서 금수저로 큰 인물이 된 사람도 많다.
작은 쪽배를 타고 풍랑이 이는 바다를 경험한 사람은 큰 인물로의 자격이 있다. 신께서는 크게 될 사람에게는 큰 시련을 안겨주어 강한 의지를 심어주고 어떤 비바람에도 흔들리지 않는 자생력을 키워준다.

 인생길은 두렵고 고생길만은 아니다. 자질구레한 일에 얽매이지 말고 사소한 일에 목숨 걸지 말아야 한다.
큰 틀에서 만사를 생각하면 벗어날 수 있다. 시일이 지나 생각해보면 작은 일에 목숨 걸었던 것이 사소한 일이었다고 피식 웃게 되는 날이 온다.

 큰 사람일수록 여행을 통해 넓은 세상을 경험한다. 진정으로 큰 사람은 자기 안에 갇히지 않고 세상을 더 넓게, 더 깊게 이해하려는 마음을 갖게 된다. 그리고 그런 열린 마음과 사고는 직접 발로 걷고 눈으로 경험해야 완성된다. 여행은 단순한 이동이 아니라 낯선 환경 속에서 새로운 사람, 문화, 가치관을 만나는 과정이다. 그 안에서 우리는 다름을 이해하고 자신의 틀을 깨며 더 크고 유연한 사람이 된다.

 큰 사람은 알고 있다. 내가 아는 것이 전부가 아니고,

내가 아는 세상이 다가 아니라는 것을. 그래서 언어가 다르고, 문화가 다른 사람들과 소통하려 노력하며 자신의 세계를 넓혀 나간다. 여행은 길 위에서 배우는 가장 인간적인 방식이므로 머리를 식히고 오면 마음이 담대해진다.
여행을 통해 쌓은 경험은 말에 깊이를 더하고, 타인을 대하는 태도나 존중이 달라진다.

 물론 여행을 하지 않는다고 해서 무조건 나쁘다고는 말할 수는 없지만 지속적으로 여행을 회피하거나 무관심한 태도는 개인의 사고, 감정, 삶의 폭에 영향을 줄 수 있다. 사람마다 취미나 가치관이 다르므로 강요해서는 안 되지만, 여행을 통해 얻는 넓은 시야, 창의력과 대인과의 유연성 등은 해본 사람들만이 안다.

 인생은 늙는 것이 아니라 날로 새로워지는 것이다. 몸이 늙으면 마음도 따라 늙는 사람이 있는가 하면 몸은 늙어도 마음은 청춘인 사람이 있다.
전자인 사람은 늙었다고 인생을 미리 포기하는 꼰대같은 사람이고, 후자는 새로운 것에 항상 도전하며 인생길은 아직도 멀었다고 생각하는 사람이다.
앞으로 백 년은 더 살 것 같이 활기차게 인생길을 걸어가는 사람은 삶을 사랑하고 내면이 단단한 사람이다.

이렇듯 모든 것은 마음먹기에 달려 있다. 사람이라고 다 사람이 아니고 사람은 생각이 커야 한다. 그런 사람만이 큰 인물로 거목이 될 수 있다.

나이를 먹는다는 것은 머릿 속에 지식만 쌓이는 것이 아니라 마음속에 이해와 관용이 자라는 과정이다. 조금은 참을 줄 알고 조금은 양보할 줄 알고 조금은 말 대신 미소로 답할 줄 알아야 한다. 사람은 나이를 먹을수록 머리에 든 게 많아져 원숙하게 익어가 달콤한 꽃향기를 풍긴다. 나이는 단순히 세월의 숫자가 아니라 그 안에 경험의 무게, 감정의 깊이, 생각의 너비가 담겨있다. 이런 사람은 늙어서도 추해지는 것이 아니라 새로워지고 아름답게 곱게 늙는다.

<삶이 그대를 속일지라도> - 푸시킨 -

슬퍼하거나 노하지 말고
우울한 날들을 견디면
믿으라 기쁨의 날들이 오리니
마음은 미래에 사는 것
현재는 슬픈 것
모든 것은 순간적인 것
지나가는 것이니

그리고 지나가는 것은
훗날 소중하게 되리니

<청춘> -사무엘 -

청춘은 인생의 한시기가 아니고 마음의 상태이다.
그것은 장밋빛 볼 붉은 입술 유연한 무릎의 전유물이
아니다.
그것은 의지 상상력 활력있는 정서의 전유물이다.
이것은 흔히 20세보다 60세에게 더 많이 존재한다.
사람은 나이 때문에 늙지 않는다.
이상을 버림으로써 늙는다.

위 두 시는 필자가 좋아하는 시로 청춘의 고통과 희
망 그리고 인생에 대한 태도를 말하며,
절망스러워도 청춘의 마음을 잃지 말고 그 마음이 있는
한 아직 젊고 가능하다. 라는 메시지가 담겨있다.

노래 <사람이 꽃보다 아름다워 - 안치환 -> 라는 노
랫말은 외적인 아름다움보다 사람의 내면이 더 아름답
고 가치 있다는 말이다.
사람은 모두 존엄하고 지위와 상관없이 사람이라는 존
재 자체가 아름답다. 외모가 예쁘고 출중해도 행실과

삐뚤어진 마음은 비호감으로 보이며 머리에 들은 게 없어 입으로만 지껄여 멀리하려고 한다. 반대로 누추하고 보잘것없어도 마음 씀씀이가 고우면 정이 가고 우러러 보인다.

   이성계와 무학대사의 유명한 일화가 있다.
이성계가 먼저 말하였다.
"우리 둘 중에 누가 농담을 잘하는지 내기 한번 해보지요." 무학대사는 전하부터 먼저 하시라고 말했다.
그러자 이성계가 말했다.
"내가 자세히 그대를 보니 꼭 돼지처럼 생겼습니다. 그려." 그러자 무학대사가 대꾸했다.
"전하께서는 꼭 부처님처럼 생기셨습니다." 무학의 대답에 태조는 뜻밖이라는 듯이 말했다.
"어째서 내 농담에 받아치지를 않는 게요." 그러자 무학은 천연덕스럽게 대답했다.
"돼지의 눈으로 보면 모두가 돼지로 보이고 부처의 눈으로 보면 모두가 부처님으로 보이는 법입니다."
일화에서 주는 교훈은 타인을 판단할 때 그 사람 자체보다 내가 가진 시선과 마음의 상태가 더 큰 영향을 미친다는 것이다. 그러므로 우리는 마음의 눈으로 넓고 깊게 긍정적으로 보아야 한다.

인생은 자신이 선택하는 대로 살아가는 것이다. 그러나 신께서는 선택한 대로 다 주시지 않는다. 만인에게 공평하게 주며 한 인간에게 모든 행복을 허락하지 않는다. 하늘을 찌르던 인기도 우쭐한 나머지 오만한 행동으로 하루아침에 곤두박질치듯이 역량보다 명성이 더 높아서 자신이 가진 그릇에 너무 많이 담다 보니 넘쳐서 사고가 발생하는 것이다. 흔히들 깜냥이 안되는 데 감투가 너무 커서 무너졌다고 하는 말은 그릇에 걸맞지 않은 소인배들이 잘나가서 가족도 몰라볼 때 하는 말이다.

가족은 사랑의 발원지이자 결코 마르지 않는 샘물이다. 그러므로 좋은 일은 남과 하면서 궂은 일로 가족에게 부담을 주어서는 안 된다.
영광의 순간에는 늘 가족과 함께해야 한다.
가족의 소중함을 잊어버리거나 나 몰라라 하는 사람은 사회에서도 외면받으며 가족을 돕고 사랑할 줄 모르는 사람은 사회도 신뢰하지 않으므로 아무것도 이룰 수 없는 어리석은 사람이다.

돈은 혈액과 같이 중요하지만, 돈이 많다고 가족이 행복한 것도 아니고 돈이 없다고 불행한 것도 아니다. 가족끼리 서로 믿고 의지하며 보듬어 안는 것이 바로 행복이다. 어머니란 이름과 가족이란 이름은 이 세상에서 가장 아름다운 이름이다. 행복한 가정에는 무슨 이유나 조건이 있을 수 없으며 사랑의 반석 위에 평화와 화목을 누리는 것이 가장 중요하다.

 불행한 가정을 보면 소중한 사람끼리 서로 상처주고, 사랑해야 할 공간에서 소외, 분노, 외로움이 자라나기 때문이다. 가까운 사람일수록 더 깊이 상처를 주며 무관심이 쌓여 사랑이 무너진다.

 성격 차이로 싸워 늘 큰 소리가 나오거나, 경제적으로 힘들거나, 집에 환자가 있거나, 자식이 속을 썩여 불행한 가정을 보면 사랑으로 돌보지 않거나 나에게 기준을 맞추고 강요하기 때문이다.

 행복한 가정은 우연이 아니라 노력의 산물이다. 듣고, 이해하고, 기다려야 비로소 따뜻해진다.
노력하며 사랑으로 보듬은 가정은 하늘은 스스로 돕는 자를 돕는 것처럼 일곱 빛깔 무지개처럼 행운이 찾아온다. 그 빛은 아주 환상적이고 아름답게 펄럭이며 다가온다. 준비하는 자세로 하루하루 성심껏 알차게 보내다 보면 언젠가는 행복이라는 행운이 찾아올 것이다.

바보 온달을 변화시켜 장군으로 만든 것은 낭랑 공주의 사랑 때문이었다. 그 사람을 변화시키려면 그 사람을 사랑해야 한다. 사랑은 사람을 진정으로 변화시키며 그만큼 사랑의 힘은 위대하고 강하다.
반대로 미움으로 나무라면 변화는 커녕 반발심만 느낄 것이다. 그러면 관계는 점점 멀어지고 마음속 깊은 곳에 멍이 든다. 말은 마음을 담는 그릇이고, 어떤 마음으로 말하느냐가 가장 중요하다.

   세상에는 공짜가 없듯이 주는 만큼 받는 것이 이 세상 이치이다. 누군가를 비난하고 해악을 끼치면 그에 상응하는 만큼 부메랑으로 돌아온다.
<논어>를 읽어 보면 덕은 외롭지 않다(德不孤)는 구절이 있다. 남에게 베풀면 복을 받는 데 당대에 받지 못하면 후손들에게라도 받게 된다는 구절이다.
마음 씀씀이는 단순한 행동이 아니라 그 사람 성격 깊은 곳에서 우러나온다. 옷이 사람의 몸을 보호하듯이 인성과 성품이 따뜻하게 묻어난다는 뜻이다.

   물에 물 탄 듯 술에 술 탄 듯하면 상대방이 상처를 받게 된다. 혈관이 잘 통해야 건강하듯이 사회도 소통이 잘돼야 건강하다. 소통하지 못하면 갈등을 낳고, 소통이 단절된 자는 둔하여 오래 살지 못한다.

모난 돌이 징을 맞듯이 남들과 다른 생각이나 태도를 보이면 공격을 받으므로, 한 세상 부드럽고 둥글게 살아가는 것이 현명하다.

곡식은 익을수록 고개를 숙이듯 사람도 겸손하게 자신을 낮추며 고개를 숙이면 부딪힐 일이 없어 편해진다. 지는 것이 이기는 것이며 슬기로운 처세를 아는 사람은 모가 날 일이 없어 정 맞을 일이 없다.

우리의 인생은 되는대로 흘러가는 물결이 아니다.
인생은 작은 역사이다. 한 사람의 삶은 책 한 권 분량의 역사라고 할 수 있다.
세상의 위인들은 큰 역사를 기록하지만, 진짜 역사는 이름 없이 살아간 사람들의 역사로 이루어진다.
우리는 너무 늦었다는 이유로 쉽사리 포기하는 경향이 있다. 나이가 젊은데도 생각이 늙은 사람도 있고 나이가 아무리 많아도 생각은 푸른 사람이 있다. 내 하루가 하찮게 느껴질지라도, 그 순간은 역사 속의 한 줄로 남는다. 그리고 언젠가, 누군가에게 길이 되고 빛이 된다.

나이를 핑계로 미래를 포기하는 것은 어불성설이다.
생각이 푸른 사람은 미래에 대한 확신과 집념이 강한 사람으로 포기를 모르며 나이를 먹어가도 늙지 않고 곱게 익어가 존경을 받는다.
백 세가 넘어도 먹는 약이 없다면 축복이다. 즉, 유병장수는 재앙이므로 오래 사는 의미가 없다.
병든 뒤에 고치려고 하지 말고 건강할 때 병들지 않게 장기 투자하여야 한다.

노년의 환자들은 9년에서 길게는 17년을 병마와 싸우다 생을 마감한다. 나이든 몸을 지탱해 주는 근육 1킬로그램은 1억 원 이상의 가치이므로 끼니때마다 고기, 생선, 두부 중 한 가지는 꼭 챙겨 먹어야 한다.

소파에 늘 앉아만 있지 말고 30분마다 일어서서 스쿼트를 10회씩이라도 해야 한다. 스쿼트는 허벅지와 종아리에 근육이 생기게 하는 운동으로 양발을 좌우로 벌리고 서서 발바닥을 바닥에 밀착한 채 등을 펴고 무릎을 구부렸다 폈다 하는 반복운동이다.

앞으로 25년 후 2050년이 되면 3명 중 1명은 노인인 만큼 노인 인구가 급증한다. 앞으로 100세가 넘어 120세 시대가 오는 것이 현실이 되어가고 있다. 그렇지만 오직 준비된 자만이 120세를 살 수가 있으므로 생활습관, 정신건강, 건강관리에 힘써야 한다.

은퇴는 끝이 아닌 제2의 출발이므로 은퇴 후 40, 50년 백수로 지내는 것보다 현역처럼 머리를 쓰며 소일거리를 갖는 것이 수명혁명을 가져올 수 있다. 수명혁명은 의료비 절감, 세대간 소통, 새로운 소득까지도 생기므로 개인 능력에 따라 120세까지 살 수 있다. 건강하게 오래 사는 것은 인생의 행복이며 행복은 거저 생기는 게 아니라 자신이 만들어 가는 것이다.

옛 조선시대에 사람의 인품과 능력을 평가할 때 기준으로 삼던 네 가지 요소인 "신언서판(身言書判)"이 있었다.
① 신(身) - 몸가짐, 잘생긴 외모나 태도, 품격
② 언(言) - 글을 많이 읽어 말씨, 말투나 말하는 내용의 품위
③ 서(書) - 글씨, 글씨체, 필체와 문장력
④ 판(判) - 사리를 분별하고 사람을 판단하는 능력

오늘날도 인재를 평가할 때 신언서판에 역점을 두어 외모나 말투, 글쓰기, 사고력 등을 본다는 점에서 의미가 남아있다. 그러므로 사업을 할 때 사람을 보는 안목이 있어야 대기업으로 성장할 수가 있다.

14. 세계 열 번째 잘사는 나라

　필자는 천재지변을 고향인 충청도 아산에서도 겪어보지 못하였고 서울에서 사는 60년 동안에도 단 한 번도 경험해 보지 못하였다.

　미국은 나무뿌리가 통째로 뽑히고 집채가 날아가는 허리케인의 피해가 잦아 경제적으로 많은 손실을 보고 있으며 이웃 나라 일본만 하더라도 걸핏하면 지진이나 해일로 크게는 수만 명의 인명 피해와 수조 원의 재산 피해를 보는 재앙을 겪는다.
유럽도 마찬가지로 50도 넘는 폭염이나 한파, 폭설로 수난을 겪기도 하는데 기후 변화로 빙하가 녹고 바다의 해수면 온도가 높아지기 때문이다.
하지만 우리나라는 역사 이래 단 한 번도 없다.

　우리나라는 미국이나 일본, 유럽 같지 않게 삼천리 금수강산으로 참으로 복 받은 나라다.

아직까지는 계절마다 기온이 알맞게 변해가서 겨울의 최저 기온은 영하 20도를 내려가지 않고, 여름의 최고 기온도 아무리 더워도 40도를 넘기지 않는다.
천재지변이라고 해야 여름 장마철에 비바람이 몰아치는 태풍으로 길어야 일주일 안에 모두 다 물러간다.
이재민이 얼마 생긴 다음에는 평온하게 언제 그랬느냐는 듯이 평온하게 일상으로 돌아온다.

세계에서 유래를 찾아볼 수 없는 조용한 아침의 나라이자 백의민족이다. 이런 나라에 흠이 있다면 남북으로 갈라진 분단국가라는 것 이외는 별다른 점이 없다.
이렇게 살기 좋은 고국을 떠나 해외에 거주하는 동포가 700만 명에 이르고 있으며 대신 국내에 거주하는 3만 5천 명의 탈북민을 합친 외국인이 300만 명이 있어 단일 민족에서 다문화 가구로 혼혈 민족이 늘어 가고 있다.

일생을 볼 거 안 볼 거 다 겪어보았기에 글로 남길 수 있었고, 만약 남기는 게 없다면 내 인생길을 어떻게 걸어왔는지 누구도 알 수가 없을 것이다. 바로 이것이 자서전이다.

시대가 변해가면서 대한민국이 잘사는 나라가 되자

돈을 벌기 위해 동남아사람들이 한국으로 몰려왔고 북한 주민들도 생존과 자유를 위해서 탈북하고 있다.
동남아 근로자는 남자가 많지만, 여자는 한국 남자와 결혼하기 위해 정착한다. 그래서인지 얼마 전만 하여도 나이 많은 농촌 총각들이 결혼을 못 하여 사회 문제가 되었는데 이제는 그 소리가 쏙 들어갔다.

동남아 여성은 특히 베트남 여성과 중국 여성이 많은데, 한국 남자와 국제결혼 하면 한국 국적을 취득한 후 사라지는 경우가 있다. 한마디로 사기 결혼을 당해 농촌에 노총각은 망연자실하게 된다.
하루아침에 신부 잃고 결혼비용 등으로 경제적 손실을 보고 동네 사람 창피해서 목숨을 끊는 비극도 일어나 사회 문제가 되기도 하였다. 도망간 여성들은 돈을 벌어 고국에 있는 부모님에게 돈을 보내려고 그런 짓을 한다.

역시 딸들은 우리나라 여성이나 외국인 여성이나 친정 부모에 대한 애착이 아들보다는 몇 배나 더 효성스러운 것 같다. 국외 근로자나 위장 결혼하였던 여성들이 한국에서 임금을 받으면 자기 나라보다 몇 배나 더 많으니 입국 후에는 불법체류를 하는 노동자들이 많아지고 있다.

1950년 한국전쟁 이후 우리나라 출산율은 년간 100만 명에서 120만 명까지 아기를 낳아 인구가 증가하자 가정마다 자식이 많으면 가난에서 벗어나지 못한다며 정부에서는 산아제한에 들어갔다. 그래서 동네마다 산아제한 문구가 적힌 플래카드가 여기저기 나부꼈다. 문구는 '아들딸 구별 말고 하나만 낳아 잘 키우자' '딸 하나 열 아들 부럽지 않다.'였다.

  결혼한 남자는 아이 한 둘만 가지면 예비군훈련장에서 정관수술을 시켰다. 씨 없는 수박처럼 되고 만 것이다. 나라에서 인구억제 정책이 지속되자 인구는 감소할 수밖에 없었다. 이제는 누가 말을 안 해도 하나나 둘을 낳으면 남자가 정관수술을 하거나 아니면 여자가 먼저 피임하여 단산하였다. 하지만 지금은 오히려 인구가 너무 없어 나라가 존폐위기에 놓여 오히려 출산을 장려하는 실정이다.

  나라가 잘살게 되고 여성들의 사회활동이 많아지면서 결혼을 하고도 자녀를 키우기가 힘들어 낳으려 하지 않아 '섹스리스'라는 풍조어까지 생겼다. 부부 관계없이 결혼생활을 이어가고 있는 황당한 일까지 생기는 실정이다.

이크~ 큰일 나겠다 싶어 정부에서는 부랴부랴 출산장려정책을 새로 내놓았다. 아기를 낳으면 고등학교까지 무상교육시키겠다고 하지만, 그것만 가지고는 요지부동으로 출산율은 더 줄었다. 초등학교 학생 수가 없어 폐교하는 학교가 점점 늘어나게 되자 이번에는 아파트 분양에 우선권을 주는 혜택으로 급선회하였지만, 효과는 미지근하였다.

인구는 국가경쟁력인데 인구가 없어 나라가 위기에 처하는 게 아닌가 싶었는지 아기 하나 낳으면 3천만 원에 임대주택을 준다고 하자 미미하게 출산율이 올랐다. 이것만 가지고는 안 되겠다 싶어 아파트와 출산장려금 1억 원을 준다니까 출산율이 조금씩 높아지고 있다.

우리 시대에는 한 가정에 많게는 12명에서 작게는 서너 명이었다. 아들만 아홉인 집은 구형제 집이라 칭했고 딸만 일곱인 집은 칠공주 집이라 불렀다.
자식이 많고 형편이 안 되니 아들 구형제 중 머리 좋은 놈 하나만 중고등학교를 가르쳤고 나머지는 초등학교까지만 보냈다. 잘사는 집은 딸들도 중고등학교를 보냈지만 가난한 집 딸은 겨우 의무교육인 초등학교만 마치는 경우가 허다했다.

가난에 한이 된 부모들은 똑똑한 자식 하나만이라도 대학에 보내려고 소를 팔아서 대학 등록금을 마련하고 하숙비, 교통비, 용돈 마련에 허리가 휘었다. 그렇게 가르쳐 공무원이 된 아들은 동생들 시집, 장가보내는데 보탬이 되었다.

필자는 자서전 1권에서도 언급하였지만, 참판을 지내신 할아버지께서 소금 염전 도매상을 하시며 번 돈으로 논밭 임야를 많이 매입하셨다. 그래서 대농으로 큰 부자이셔서 아들 3형제에게 논밭과 과수원을 주셔서 할아버지 덕분에 우리 집도 부자로 잘 살 수 있었다.

그러므로 그 당시 우리 집 8남매는 모두 다 고등교육을 받을 수 있었고, 지금 미국에 사는 두 동생은 대학 졸업 후 대기업에 다니다가 미국으로 이민 가서 잘 살고 있다.

그때만 하더라도 우리나라 전체 열 가구 중 일곱 가구는 농업에 종사하는 시절이었다. 그러나 논밭이 없어 남의 집 논밭 일을 해서 먹고 살거나 아니면 토지를 빌려 일 년 농사를 뼈 빠지게 지어서 가을에 추수하여 반은 지주에게 바치고 남은 반으로 생계를 이어갔다. 땅 있는 부자가 아니면 늘 고생만 하고 가난에서 벗어날 수가 없었다.

　그래서 가난한 집은 한이 되어 어떻게든지 자식을 대학에 보내려고 하였다. 예나 지금이나 우리나라 부모님의 자식에 대한 교육열은 세계적으로 유명하다. 지금 우리나라가 단기간에 잘 사는 이유 중 하나도 배운 사람이 많기 때문이다. 그리고 세계에서 가장 성공한 사람이 많은 국민은 이스라엘 유대인들이다. 그들은 탈무드를 읽고 실천하여 나라 없이 세계를 떠돌면서 살아도 그 나라에서 제일 잘살고 있다.

　'탈무드'는 유대인의 교육방식과 인생 철학에 큰 영향을 끼친 책으로 오늘날에도 가장 지혜로운 교육서로 평가받는다. 유대인들은 탈무드에 나온 말 중 물고기를 주면 한 끼뿐이지만, 물고기 잡는 법을 가르쳐주면 평생을 먹고 살 수 있다는 교육철학으로 살아간다. 그래서 그들은 노벨상 수상자가 22%를 차지할 정도로 세계적으로 인류 발전에 큰 영향을 미쳤다.

　이처럼 우리나라도 자식 교육열은 높으나 자신들의 배움에는 등한시하는 데 문제가 있다. 제아무리 나이가 많아도 배움에는 끝이 없으므로 배움에 대한 도전은 계속되어야 한다. 그래야 건강하게 장수한다.

지금 배우고자 하는 열정만 있다면 그 사람은 언제나 성장하는 존재다. 나이가 들면 몸은 느려질 수 있어도 마음과 정신은 배움으로 젊어질 수 있다.
역사 속 수 많은 사람은 노년에 새로운 언어를 익히고, 악기를 배우고, 책을 펴내며 다시 삶을 시작했다. 배움은 생의 끝이 아니라 생을 풍요롭게 만드는 끝임없는 시작이다. 칭찬의 힘은 무궁무진하게 크다.

나이가 들었어도 배우고자 한다면 옆에서 용기를 주고 칭찬을 해주어야 한다. 칭찬은 고래도 춤추게 하며 가능성을 일깨워 주는 힘이다.
총각 하나가 미녀 조각상에게 반해 마치 여자인 것처럼 '아가씨 참 예뻐요' 하며 매일 찾아가 칭찬을 하였더니 신께서 가엽게 여겨 진짜 여자로 태어나게 해서 그 총각 하고 결혼하여 아들딸을 낳고 잘살았다는 설화가 있다. 이렇듯 부족한 사람에게도 믿어주며 '참 예쁘네요' 하며 칭찬을 해주면 사람은 가꾸게 되어 정말로 예뻐진다.

칭찬에 대한 우화 하나를 더 소개하자면 칭찬이란 얼마나 위대한가를 단적으로 말해 준다.
어떤 농부가 송아지 한 마리를 장에 가서 더 힘센 황소로 바꾸어 오겠다며 아내에게 이야기하니 '그래요. 잘 생각하셨어요' 한다. 그래서 장에 가는 길에 염소를 끌고 가던 사람이 염소 자랑을 얼마나 하는지 송아지를 얼른 주고 염소와 맞바꾸었다. 염소를 몰고 가는데 닭을 가진 사람이 닭 자랑을 얼마나 하는지 염소를 주고 닭하고 얼른 바꾸었다.

또 얼마를 가니 과일 장사가 이 과일은 세상에서 제일 맛좋은 과일이라고 자랑을 해서 닭을 주고 과일과 바꾸었다. 주막집에 들러 국밥 한 그릇을 하려는데 옆에 예사롭지 않게 부자로 보였던 사람이, '과일 향이 썩어가는 냄새가 나는데 버리지 왜 안고 다니십니까' 하니 농부가 오늘 있었던 일에 대하여 자초지종을 말하였다.

말을 다 들은 그 귀인은 "당신은 집에 가면 아내와 부부싸움을 할 게 분명합니다." 그러자 농부는 아닙니다. 제 아내는 참 잘하였다고 할거에요. 귀인은 어이가 없었다. 그러면 내기를 합시다. 당신 집에 가서 당신 아내가 당신이 한 일을 잘했다고 칭찬을 하면 당신이 처음 갖고 싶었던 황소 한 마리 값을 내가 주겠소' 한다.

그래서 두 사람은 농부의 아내 앞에 당도하여 아내에게 오늘에 있었던 일을 소상하게 전해 주면서 썩어가는 과일 꾸러미를 아내가 받으면서 미소까지 지으면서, '여보 오늘 하루 고생이 많으셨다며 참 잘하셨어요' 한다. 두 부부의 광경을 물끄러미 바라보던 귀인은 탄복하였다. 이런 아내라면 훌륭한 본보기라면서 내기로 약속한 대 황소 한 마리 값으로 3백 냥을 선뜻 주었다.

　남편이 부족해도 아내는 '당신은 훌륭하니까 잘 할 수 있어요'라고 남편의 부족함을 칭찬하였다.
칭찬을 싫어하는 사람은 없다. 특히 아내가 남편을, 남편은 아내를 그리고 자녀에게 하는 칭찬은 큰 인물로 성장시키는 데 큰 힘이 되는 명약이다.
'너는 할 수 있어' '너는 틀림없이 잘 할 거야' '엄마는 너를 믿는다' 하면 그 보답으로 그리된다.

　필자는 사회복지 교육 시 칭찬대학에서 수업을 받은 바가 있어 칭찬의 힘은 누구보다 잘 알고 있다.
노인들에게 칭찬하면 젊게 변하고, 식사 후에 고생하신 분에게 맛있게 잘 먹었다고 의례적인 인사라도 들은 사람은 영혼의 피로가 확 풀린다. 그다음부터는 반찬 수와 서비스는 더 좋아진다.
한 포기의 풀이 자라는 데는 따스한 햇볕이 필요하듯이 인간이 건전하게 성장하는 데는 칭찬이라는 햇살이 필요하다.

전박사 칭찬대학 수여식

 누구나 칭찬을 받으면 인정받아서 기분이 좋아 더 분발하여야겠다는 마음이 들어서 더욱 노력하게 된다. 사람은 짐승과 달라서 말과 손짓, 눈빛, 행동으로 표현하여야 만이 상대에게 잘 전달할 수가 있다. 더구나 어린아이들에게는 두말할 필요가 없다.

 칭찬을 받고 자란 아이는 정서적으로 안정되고, 자신감이 높으며, 사회성과 창의력이 뛰어나다. 칭찬받은 한 마디의 씨앗이 자라 자존감이라는 나무가 되어 언제나 삶을 지탱해 주는 뿌리가 된다. 그러므로 아이에게 해 주는 칭찬은 미래를 밝히는 빛이다.

 무뚝뚝한 할아버지나 부모는 그걸 꼭 말로 해야 아느

냐며 말을 아낀다. 그러나 곱게 익어가는 노인들은 아래 사람들에게 칭찬을 아끼지 않아 존경받는다.

　나이를 먹는다는 것은 살아온 경험이 다양하게 많다는 뜻이다. 그런데도 대부분의 노인들은 칭찬할 줄 모른다. 예전에는 칭찬보다는 꾸중으로 훈육을 했고, 감정을 드러내는 것이 약하다고 여기는 세대라 서툴 수는 있다. 하지만 세상이 바뀌면서 노인의 인식도 바뀌어야 한다. 필자가 여러 번 책을 선물로 주어도 칭찬은커녕 고맙다는 인사나 감사의 표현을 하지 않는 노인들을 보면 필자가 대신 부끄러워진다. 나이가 먹은 만큼 큰 그릇이 되어야 한다.

　칭찬은 인정받는 것이다.
　칭찬은 진실한 마음이다.
　칭찬은 사람을 성장시킨다.
　칭찬은 인색하지 않아야 한다.
　칭찬은 사랑을 경험하게 된다.

　인생길을 안전하게 걸으려면
　좋은 생활습관은 무병장수 불로장생하게 된다.
　책은 큰 거목으로 성장시켜 인생이 행복하다.
　칭찬은 남을 변화시키고 나의 위상은 높아진다

15. 윤리 도덕이 무너졌다.

　필자의 지인 중에 3대 독자로 어렵게 얻은 외동아들 최춘삼이라는 사람이 있었다. 최 씨는 앉은 자리에 풀도 안 난다는 말처럼 춘삼 역시나 자기만 알고 피도 눈물도 없는 망나니다. 낳아서 먹이고 입히며 키우고 공부시켜 결혼까지 시킨 부모가 사업까지 하도록 만들어 주었다.

　그렇게 세월은 흘러 어느덧 춘삼이 아버지는 70대 후반이 되었다. 늙으면 아들이 모실 거로 생각하고 있었지만, 말이 없었다. 그래서 노부부는 살고 있던 집을 20억 원에 매매하여 실버타운으로 들어가려는 찰나에 아들 며느리가 찾아왔다. 저희가 모실 테니 사업이 어려운데 20억을 저희에게 달라며 애원하였다. 노부부는 자식이 애석하여 그대로 믿고 아들 며느리에게 아무런 의심 없이 몽땅 주었다.

하지만 이후로 아들 내외는 부모 앞에 나타나지 않았다. 하는 수 없이 노부부는 하루 2만 원씩 하는 여관방에서 장기투숙을 하게 되었다. 월 60만 원이 들어가니 3개월부터는 월세가 밀려 여관에서조차 쫓겨나게 되자 아들이 사는 아파트 단지 앞으로 갔다.

춘삼이 아버지는 아들이 괘씸하여 이렇게 외쳤다.
"주민 여러분 천륜을 어긴 패륜아 사기꾼 최 춘삼을 아파트에서 못 살게 쫓아내 주세요"
노부부가 플래카드를 들고 휴대용 마이크에 20억을 사기당한 사연을 눈물로 하소연하며 하루종일 외치고 있었다.

그러자 아들 최춘삼은 부모들 몰래 눈을 속여 가며 아파트에 드나들다가 들키면 사업이 부도나서 집에 빨강 딱지가 붙었다며 없어서 도와 드리지 못한다고 둘러대었다. 아버지는 여관비만이라도 보태 달라고 애걸하며 집안으로 쫓아 들어가 보니 집안에 정말로 빨간 압류 딱지가 다닥다닥 온통 붙어 있었다.

결국엔 한 푼도 못 받고 여관으로 돌아왔으나 여관주인은 다른 사람이 들어왔다며 살림살이를 밖에 몽땅 내놓았다.

오고 갈 데가 없는 노부부는 노숙자 신세가 되었고 할아버지는 심혈관 기저 질환이 있어 치료를 받아야 하나 약값이 없어 병원에도 가질 못하였다. 생활은 해야 하기에 노부부는 폐지를 모아 팔아서 우유와 빵으로 부실한 끼니를 이어가고 있었다.

이런 딱한 사정을 알게 된 변호사 한 분이 나서서 아들에 대해서 알아보기로 하였다.
우선 법원에서 아들에게 압류된 내용을 알아보니 법원에서는 압류한 사실이 없었다. 가짜로 빨강 딱지를 만들어 아버지를 속인 것이다. 아파트 앞에서 아버지 시위를 막아 창피한 것을 피하려고 한 가증스러운 짓이었다.

아들의 재산을 파악해보니 사업이 잘되어 년간 몇십억씩 매출에 30억짜리 상가건물도 소유하고 있었으며 살던 아파트는 팔고 아버지를 피해 야반도주하여 다른 동네에 더 좋은 아파트에서 호화롭게 살고 있었다.

모든 것을 파악한 변호사는 아들에게 새로 신설된 '부모 부양 의무 법'과 '효도법'에 더해 부모에게 20억 사기를 친 소장을 내어 보냈다. 최 춘삼이가 받아보고는 깜짝 놀라 노숙자 신세인 부모들 앞에 나타나 두 무릎을 꿇고 잘못하였다며 용서를 빌었다.
아버지는 네놈에게 또 속을 줄 아느냐며 용서치 않으려 하자 소송을 취하하시면 건물을 아버지 명의로 돌려드리겠다며 애걸함으로 건물을 양도받고 나서야 소송을 취하하게 되었다.

그러나 바로 아버지에게 형사 고소장이 접수되어 형사들은 아버지를 연행하였다. 아버지는 사문서위조 혐의로 조사를 받으며 피의자 신분임을 극구 부인하였으나 필적 감정 결과가 위조임이 확실하여 부인하여도 빠져나갈 수가 없었다.

이런 사실을 알게 된 변호사는 아들인 최춘삼이가 아버지에게 부동산을 가짜로 넘기기 위한 허위 위임장임을 밝혀내었다. 아들 최춘삼이 돈을 받고 가짜로 건물을 인수하는 것으로 사주하여 모의한 박씨와 최춘삼은 오히려 허위 고소로 구속되게 되었다.

노모인 어머니는 불효자인 패륜아의 이런 광경을 보고도 담당 형사를 붙들고 모정의 눈물을 흘리며 애원하였다. 모정이란 무한한 사랑이어서 이 늙은 엄마가 대신해서 처벌을 받을 터이니, 외아들인 최춘삼을 풀어 달라고 빌었다.

그러나 담당 형사는 "할머니 이런 일은 대신 벌을 받을 수도 없으며 용서를 하여 풀어줄 수 없는 일입니다. 법으로 처벌을 받아야 마땅한 일입니다."라고 말했다.

천륜을 어긴 패륜아는 55세에 5년 실형을 받고 그제야 때늦게 철이 나게 되었다. 최춘삼이 아들도 아버지 뒤를 보고 배웠으니 똑같이 당할 것이다.

천륜을 어긴 패륜아는 배우지를 않았기 때문에 배운 사람과는 달리 못 배운 짐승이나 같다. 자기 자신만 알고 배려심이 없는 인간은, 못 배운 상놈인 천민이나 종놈들이나 하는 짓이다.

계급 사회였던 조선왕조 5백 년 전부터 양반은 글을 배워 사람의 도리를 다하며 살았으나 상놈들은 도박 도둑질 강도질 사기 구타 강간 살인 패륜 등 오만 나쁜 짓을 다 해 못 배운 천민들만의 전유물이었다.

지금도 전국 50여 개소 교도소에 6만 명의 범죄자들을 분석해 보면, 불우한 환경에서 자라 배움이 없는 자들이 대부분이고 배운 사람들은 극소수이다.

쇠는 불에 달구어 보면 알고 사람은 술을 먹여 보거나

말을 시켜 보면 안다고 했다. 불 속에서 쇠의 강도를 알 수 있듯 똑똑한 사람은 술을 절제할 줄 알지만 못난 사람은 절제하지 못하여 만취하면 사리 분별을 못 하고 개가 된다.

그래서 제 앞가림을 잘 가리면서 출세하여 성공하기 위해서는 늘 배움을 가까이하여야 한다. 그러나 제멋대로 아무렇게 사는 사람은 독서를 부정하며 거부한다. 머리에는 들은 것이 없을수록 빈 깡통으로 드러나는 것이 부끄러워 큰소리만 낸다. 결국엔 인정받지 못하고 시끄럽기만 하여 남의 눈살을 찌푸리게 하고 손가락질을 받는다.

사람이라고 다 같은 사람이 아니다.
말 한마디, 행동 하나, 태도에서 품격의 차이는 드러난다. 누군가는 겸손 속에 강단이 있고, 누군가는 지식이 많다고 오만하다. 사람의 '격'은 학벌이나 돈이아니라 어떻게 말하고, 어떻게 행동하며, 타인을 어떻게 대하는가에서 나타난다. 그래서 진짜 품격있는 사람은 조용히 있어도 빛나고, 자신의 격을 지킬 줄 아는 사람은 결국 어디서든 존경받는다.

한국의 젊은이들이 중에 미국이나 유럽에서 놀고먹으

며 술과 여자 마약에 취해 병들어가고 있는 사람들은 주로 재벌 2세 오렌지족들이다.
그들은 유학이란 명목으로 해외에 나와 돈을 물 쓰듯 하며 돈으로 할 수 있는 오만 별의별 짓을 하며 오로지 쾌락에만 빠져있다.

이렇게 자식 교육을 잘못 가르친 부모들은 결국은 자식들에게 발목이 잡혀 사회에서 매장되거나 아니면 그 자식에게 배신을 당해 결국 자식은 패륜아가 되고 부모는 뒤늦게 늙어서 크게 후회하게 된다.

그래서 이 세상 이치는 화무십일홍(花無十日紅)으로 붉게 핀 꽃도 열흘을 가지 못하고, 권불십년(權不十年)으로 권력도 십 년을 못가고, 부불삼대(富不三代)로 재벌은 3대를 가지 못한다.

재력이 많으면 자식에게 물려주어서 자식은 불로소득이니 돈 아까운 줄 모르고 써버린다. 버는 사람 따로 있고 아까운 줄 모르고 물 쓰듯 쓰는 사람이 따로 있는 셈이다. 돈으로 가게라도 차려주면 아는 것이 없고 인간관계도 세상 물정도 배우지 않았으니 처세술도 모른다.

귀여운 자식일수록 매 한대를 더하고 미운 자식일수록 떡 하나를 더 주란 말이 있다. 옛 개성상인들은 제 아무리 거상일지라도 자식에게 가업을 물려주지 않고 반드시 남의 상점에 가서 3년 동안은 고용살이를 겪게 하였다. 시련은 겪을수록 성장하므로 고난을 겪어 본 사람이 지혜와 용기가 생겨 성공할 수 있다.

많은 시련을 겪어보면
내 잘못을 반성할 줄 안다.
쉽게 흔들리지 않는다.
느끼고 깨달아 성장한다.
남에게 배려심이 많다.
소외 계층을 보듬는다.
효도심이 극진하다.
두려움보다 희망을 본다.

시련을 모르면
자신의 흠도 모른다.
잘못을 인정하지 않는다.
남을 깔보고 무시한다.
삶의 깊이를 모른다.
절약하지 않고 아까운 줄을 모른다.
효도가 무엇인지도 모른다.

금수저로 아쉬운 것 없이 풍요롭게 살아온 사람은 그 동안의 습관대로 자신과 타인에게도 아낌없이 돈을 쓰지만, 흙수저로 어렵게 살았던 사람은 빈곤하여 돈을 써보지 못해서 지갑을 여간해서는 열질 않는다.

인간관계에서는 밥 한번 얻어먹었으면 반드시 밥 한 번을 사는 게 사람과 사람 사이의 도리다. 얻어만 먹고 살 줄을 모르면 으레 저 사람은 짠돌이니, 노랭이니 그런 사람이라는 소리를 들으며 평판이 좋지 않다.
조그만 것이라도 남에게 신세를 졌으면 그냥 지나치지 말고 감사함을 갚을 줄 알아야 한다.

이 세상에서 잊으면 안 되는 게 3가지가 있다.
남에게 줄 돈은 잊지 말아야 한다.
생명의 은인에게 신세 진 덕은 잊으면 안 된다.
힘들 때 말 한마디로 나에게 힘이 되어준 사람은 잊지 못한다.

칼로 베인 상처는 완치되지만, 말로 받은 상처는 평생을 가는 법이다. 그러므로 모임에 다녀왔거나 누구를 만나고 왔다면 혹시 말실수는 없었는지 아무리 친하더라도 말을 함부로 하여 서운해하지는 안 했는지 되돌아보는 습관을 지녀야 한다.

살을 맞대고 사는 의로운 부부지간이라도 가까울수록 예의가 있어야 한다. 가깝다고 함부로 대하거나 막말을 하면 감정이 쌓여 결국 부부싸움이 벌어진다. 그러므로 가장 오래 할 소중한 사람이기에 가장 조심스럽게 말해야 한다.

　사랑은 결국, 말로 지키는 것이다.
말 한마디로 이혼에 이르기도 하고 위로가 되기도 한다. 따뜻한 말로 부부애가 더욱 돈독해지기도 하며 백년해로까지 이어진다.
아내가 힘들여서 정성껏 차려준 밥상을 식사때마다 습관처럼 반찬 투정을 하며 불평불만인 사람이 있는가 하면, 식사를 마치고 수저를 놓자마자 '아~ 잘 먹었다 하면서 수고한 사람을 칭찬하는 사람이 있다. 말 한마디로 준비한 사람의 노고가 물거품이 되거나 한순간에 풀리는 것이다.

　본 필자도 락앤락 원조인 밀폐용기를 제조할 당시 거래처 사장님들을 집으로 초대한 적이 있었다. 식사자리에서 필자가 아내에게 존댓말을 하고 식사 후에는 맛있게 잘 먹었다고 인사를 하니 수고한 아내가 환하게 웃었다. 아내를 존중하는 태도를 본 손님들은 이후 필자를 달리 보았다.

120년의 긴 인생길을 걷자면 인생에 달인이 되지 않고는 가다가 중도에 하차하게 된다. 밥상머리 가정교육이 없거나 독서 하지 않아 지혜가 부족하면 자신만 알기 때문에 남에 대한 배려심이 부족해진다. 그러므로 칭찬에 인색해지고 인간미가 없어 까칠한 성격으로 변해간다.

부드럽고 온화하고 따뜻하며 서글서글하고 진심으로 반갑게 대하는 사람에게는 복이 넘쳐난다. 그런 사람은 언제나 입가에 미소가 떠나지 않으며 화를 낼 줄 모른다. 개도 자신을 쓰다듬어 주는 사람을 보면 꼬리를 치듯이 그런 사람을 좋아하지 않을 사람은 어디에도 없다. 세상에 큰 힘이 되는 건 거창한 말이 아니라 오늘 한 번 더 미소지을 줄 아는 사람이 되어야 비로소 행복이 찾아온다.

본문 첫 줄의 패륜아를 봤듯이 사람답지 못하여 인간미가 없고 돈만 아는 사람의 말로는 불행으로 끝나게 된다. DNA는 유전이 되어 반드시 그의 자식도 돈만 알고 부모도 몰라보는 패륜아가 되어 인과응보(因果應報)로 돌아온다.

혈통과 유전은 지능, 외모, 성격, 유전병, 인간성, 독서 생활습관, 취미, 게으름, 부지런함까지도 대물림되어 콩 심은 데 콩 나고 팥 심은 데 팥이 난다.
그러므로 배우자를 선택할 때는 첫째가 혈통을 먼저 보아야 한다. 제아무리 재력이 있고 최고 학부를 나오고 인물이 좋더라도 혈통이 나쁘면 파경을 겪는 부부가 대다수다.

조건이나 겉모습만 보고 결혼한 재벌들이나 연예인 부부들을 보면 없는 것 없이 다 갖고있어도 얼마 못살고 이혼하는 경우가 대다수다. 조건은 변할 수 있지만, 사람의 본질은 바뀌지 않아 성격 차이라고 말한다. 결국엔 가정법원 법정에서 위자료 문제로 다투고 나서야 후회하게 되므로 조건보다는 상대방의 혈통과 됨됨이를 봐야 한다.

노태우 대통령 딸 노소영과 국내재벌인 선경그룹 SK 회장 최태원과의 결혼으로 나라 전체가 시끌벅적하더니 끝내는 이혼하여 위자료로 노소영에게 무려 1조 4천억 원을 주라는 재판 결과로 또 한 번 쟁점이 되었다.
그뿐만 아니라 노소영은 최태원(1960년생)의 내연녀인 김희영(75년생)에게도 30억 원의 손해배상을 받아내었다. 최태원보다 15년 연하인 미모의 김희영은 이화여대을 나와 연세대 대학원을 나왔고 SK 최태원 회장과의 사이에 딸을 출산하였다.
그러나 다 큰 남매를 둔 노소영은 이혼하지 않겠다고 버티다가 위자료로 SK 주식 반을 내놓으라고 소송을 한 것이다.

 최태원 회장은 왜 이혼도 안 하고 내연녀와 동거를 하였을까? 본처인 노소영이 얼마나 흠이 있기에 싫어한 것일까? 노소영 본처가 가톨릭에 너무나 지나치게 심취하여 종교 문제로 부부갈등이 있었을 거야. 라는 세간의 남의 말을 좋아하는 사람들의 소문들로 무성하였다.

 우리나라는 결혼하면 배우자 한 사람과만 성생활을 해야 한다는 의미로 일부일처제를 유지해야 하는 법이 있다. 그래서 바람 난 사람들은 형사 사건으로 처벌받던 간통제가 없어져서 이혼 전에 내연녀와 사실혼 관계를 유지한다.

 많은 사람이 종교적 갈등을 빚어 가정이 파탄 나는 사례들이 종종 있다. 종교를 부정할 수는 없지만 지나치면 해가 되어 순진하고 순박하거나 현실이 버겁고 절박한 사람일수록 **빠**져들기도 한다. 광신도가 되어 모든 것을 신에게 의지하며 이루어질 것으로 절대적으로 믿는다. 세뇌가 되어서 어떤 사람의 말도 듣지 않는다. 그러므로 부모자식간 부부지간 형제지간까지 사이가 벌어져 남이 되기도 한다.

 종교의 자유가 있는 우리나라는 많은 종교가 있고 그 중 교회는 한 집 건너 하나씩 있다. 사이비 종교처럼 건전한 종교들도 너무 깊게 빠지면 사람이 이상하게 변해간다. 본인들은 정상적이라고 하지만 가족이나 주변 사람들은 맛이 갔다며 쯧쯧하며 혀를 찬다. 종교가 삶을 옥죄기 시작하면 그건 신앙이 아니라 맹신이라는 걸 알아야 한다.

 본 필자가 부모 형제나 직원들과 주변 사람들에게서 많이 보아왔기에 하는 말이다. 올바른 사람이 되어 행복한 삶을 찾기 위해 찾는 종교를 잘 선택해야 자양분이 되지만 맹신하는 사람에게는 독이 될 수가 있다.
우리 큰 누님은 목사 사위를 본 뒤로 교회에 맹신도가 되더니 변하여 형제들하고도 멀어져 오가지도 않는다.

 우리 회사 여직원 중에 50세, 55세, 60세 되는 할망구 노처녀들이 셋이나 있었다. 그들은 하나같이 하나님과 결혼 했다면서 결혼이라는 말 자체를 꺼내지도 못하게 하였고, 아는 지인의 부인은 돈이고 귀중품이고 집안에 돈 되는 것이면 모두 교회에 헌납하여 부부싸움이 잦았다.

　위에 사례만 들어보아도 사회를 '악'으로 보고 세상과 단절하며 살거나 가족, 친구와의 관계를 끊으면서 종교에만 몰입하는 병적인 모습을 보인다. 그러면서 신을 안 믿는 무신론자들이 오히려 불쌍하다고 하니 무신론자가 볼 때는 상반된 말이기도 하다.

　성서는 좋은 말만 쓰여 있어 누구나 곁에 놓고 수시로 보아야 하는 필독서다. 그런데 그런 성서를 보는 사람들의 머리가 병들어가는 것은 마음에 양식을 넘어 인생 전체를 송두리째 신에게 걸었기 때문이다.
북한의 주체사상이나 다단계에 홀딱 빠진 사람들을 보면 세뇌되어 잘못되어가는데도 현실을 받아들이지 않고 숭배하기 때문이다.

　정신이 돌아왔을 때는 불행이 엄습해 그제야 속은 것을 알고 후회를 하게 된다. 탈북민들이 남한에 와보면 북한에서 속았다는 것을 알게 되고, 다단계 사기 피해자들도 형제 친지에게까지 피해를 주고 나서야 정신을 차린다. 그때가 되면 감당할 수 없는 지경이 되어 생을 마감하는 경우도 있다.
사람의 뇌는 한 가지 일에 깊이 심취하면 좀처럼 빠져

나오기가 힘들다.

  내가 아는 미망인 할머니(70대)는 교회에 다니면서 유부남인 장로님과 눈이 맞아 15년째 내연관계를 유지하고 있다. 같은 나이의 장로님은 숨겨논 권사님 집으로 가끔씩 찾아와 사랑을 나누며 지낸다. 15년이 되었어도 본처를 철저하게 속여 본처는 모른 채 빈껍데기로 지낸단다.

  종교나 책을 부정하는 사람들의 특징 중 하나는 독선적이다. 권사님에게 책을 드리면 손사래를 치더니 독서를 안 해서 그런가 타인을 생각하지도 않고 부끄러운 줄도 몰라 나에게 내연관계로 매월 돈을 받고 있다며 속속들이 자랑처럼 늘어놓는다.
사람을 어떻게 보고 면전에서 얼굴을 붉히지도 않고 부끄러운 말을 서슴없이 할 수가 있을까 들으면서도 무척 불쾌하였다. 교회에서는 간음하지 말라는 목사님의 설교에 장로님과 권사님 두 사람의 반응은 어떤 모습일지 궁금하다.

  그래서 남녀관계란 젊으나 늙으나 모르는 일이다. 남자는 관 앞에서까지도 여자 생각이 난다는 본능이 있지만, 여자 역시도 본능은 버릴 수가 없는가 보다.

본 저자에게 부산의 60대 여성 독자 한 분이 일면식도 없어 얼굴도 모르는데 연신 사랑한다는 문자 메시지를 보내와 곤혹스러웠던 적이 있다. 이제는 여자가 부끄러워서 하는 내숭도 시대에 따라 사라지고 있는 게 아닌가 한다.

유명스타의 인기가 하늘을 찌르더라도 겸손하지 못하면 하루아침에 추락하기 때문에 사람이 먼저 되어야 평판이 좋아져 대중들의 인기를 얻을 수 있다.

거울이 세상의 모습을 담는 것은 맑기 때문이며 바다가 모든 물을 받아들이는 것은 가장 낮은 곳에 있기 때문이다. 바람이 장애물에 걸리지 않는 것은 형체가 없기 때문이며 빈 그릇에는 무엇이나 선별해서 담을 수 있는 기회가 된다.
그러므로 자신을 낮추고 겸손한 마음으로 사는 것은 우리의 삶을 좋은 것으로 담을 수 있는 그릇을 만드는 것이다. (끝)

지금까지의 자서전은 사실 그대로인 논픽션입니다.
다음은 <회춘비결>로 이어집니다.

부 록

시리즈 1권 <처음 가본 애터미 오롯>
시리즈 2권 <천만원 버는 월천댁들>로 이어집니다.

머 리 말

필자는 2025년 7월 24일 목요일 지인에게 이끌려 세미나장에 가서야 애터미가 세계적인 기업임을 처음 알게 되었다.

애터미는 화장품, 건강식품, 생활용품 등이 저렴하고 품질이 좋으므로 내가 사용 후 만족하여 다른사람에게 입소문을 내며 사업이 확장되고 소득이 생기는 구조이다. 필자도 수십 년간 할부 유통업, 제조업, 출판사, 영화 제작 등 여러 가지 사업을 하였지만 네트웍 마케팅 사업을 구경하는 것은 이번이 처음이었다. 그러므로 그날 별천지 같은 세상을 경험하고서 애터미를 30만 독자에게 알려서 동참시키고자 소책자를 엮게 되었다.

2025년 8월 15일 저자올림

애터미 창립일 : 2009년 5월 27일
사업자 회원 : 전세계 1,500만 명
년 매출액 : 2조 원 규모
네트웍 판매 : 연속 수출 1위 확인
본사 주소 : 충남 공주시 백제 문화로 2148-21
본사소속 직원 : 240명(2024년 기준)

차 례

머리말 224

1. 제1장 애터미 시대 226
2. 제2장 성공사례 243
3. 제3장 효자상품 헤모힘 254
4. 제4장 필자의 생각 273

본 책 <애터미 시대>는 다큐멘터리 영화로
제작할 기회가 올 것입니다.

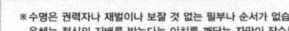

제1장 애터미 시대

 와! 여기가 애터미 왕국이구나! 두 눈이 휘둥그레졌고, 첫 소감이 이건 왕궁이라고밖에 할 수 없었다. 인산인해를 이루는 회원들에게도 압도당했는데 대형교회 집회장하고는 또 다른 분위기였다.

 2025년 7월 24일 서울에서 1시간 40분을 달려 애터미 세미나 장소(공주시 정안면 차령로 3526)인 오롯에 도착하니 전국에서 운집한 애터미 회원들로 꽉 들어찼다. 웅장한 대형건물 안에는 발 들여 놓을 틈 없었고, 대형 스크린이 켜지자 세련된 모습의 여성 사회자가 익숙한 스피치로 열이 달아오르게 군불을 지폈다.
월드컵경기장만큼이나 큰 장내는 사회자 멘트에 귀를 기울이느냐고 숨소리조차 내지 않았다.

 식순대로 첫 시간인 1시부터 1시간가량 애터미 왕국을 창건한 회장 박한길 (56년생 70세, 경영학 박사) 장로님의 회사소개가 있었다.
2번째로는 애터미를 이끌어 가고 계시며 취임한 지 1년이 되어 간다는 의사 출신 대표이사 윤용순 박사의 시간이었다.
3번째 시간은 미모의 김윤나(40대) 스타강사의 '말, 마음'이라는 주제의 교양 프로그램이었다. 그녀의 조용하고 차분한 강의는 물이 오른 듯 유창한 스피치로 관중을 사로잡았다.
애터미 회원은 돈만 버는 것이 아니라 인성도 갖추어야 하는데 필요한 언어와 마음씨에 대한 교양 교육이었다.

 그리고, 승급자 시상식에 이어 4번째 마지막 시간에는 애터미 최고직급 임페리얼 1호이자 10억 상금자 윤영성 목사님의 성공담으로 이어졌다. 목사님답게 역시 스피치의 달인이셨다.
박회장님과 목사님은 50년 전 광주에서 알게 되었는데 지금까지 인맥이 되어 웃고 울리는 희로애락을 구사하시며 관중을 압도하셨다.

 연설을 들으면서 애터미 사업을 하면 저렇게 말도 잘 하게 되나 싶었다.
모두가 공통된 테두리 안에서 이루어지는 사업이고 사례내용은 천차만별인데도 하나도 중복됨이 없이 극적인 드라마 대본 같았다.
한편으로는 시나리오 작가가 사전에 각본을 대필해준 것을 연습하였나! 라는 의구심마저 들었다.

 지루하지 않았던 4시간의 순서가 순식간에 지나갔다.
아! 그래서 '애터미 회원으로 성공하려면 비즈니스 세미나장으로 가라'는 캐치프레이즈에 걸맞았다.
애터미의 많은 제품 중 치약, 칫솔, 샴푸는 몇 번 써 봤지만 이렇게 조직이 방대한 줄은 미처 몰랐다.
세미나장의 광경을 보고 난 후 직업병이 돋아 앉자마자 가방에서 다이어리를 꺼냈다. 메모 없이 듣기만 하던 회원들은 강의가 끝나면 일어서는 순간 머리가 새하얘진다. 들을 땐 아는 것 같아도 기억은 순간이고, 기록은 영원하므로 지혜로운 사람은 듣고 메모하여 자기 것으로 만든다.

 그래서 세미나장에서도 성공한 사람과 아직은 초보로 맨땅에 헤딩하는 사람이 구분되었다.
성공한 사람은 여유로우며 얼굴에 빛이 나고 의상과 장신구가 말을 대신해 주었다. 풍요롭고 만족하니 귀티가 난다.
하지만 하위등급자는 낯설어서 의기소침해 있거나 얼굴에 구름이 낀 것처럼 어두워 보였다. 의상이나 장신구 역시도 차이를 보여 소탈하였다.
막 입문한 초보 회원은 '실적을 올리는 것만이 살길이다.'라는 마음으로 목숨을 걸어야 한다. 7단계 직급 중 최상위 임페리얼이 되려면 그분들에 체험담을 교훈 삼아 열심히 뛰어야 산다.

애터미 세미나의 모습

 네트워크 피라미드 다단계가 강남역, 선릉역, 교대역 주변에 수백 개씩 난립해있다. 하지만 거의 개점 폐업으로 6개월 안에 잠적하는 사기 다단계다.
수많은 서민이 사기를 당해 피해를 보고 파산하니 극단적으로 자살까지 하여 사회적 물의를 일으켰다. 그래서 건실하게 성장하는 업체까지도 도매금이 되어 다단계라면 거부감을 느껴서 이미지가 좋지 않다.

 그런 나쁜 이미지를 말끔히 씻게 한 것이 애터미 기업으로 2009년부터 16년째 승승장구하며 탄탄대로를 달리고 있다.
유통기업으로는 5천억 원으로 수출 1위이며 총매출액은 2조 원으로 2%를 사회에 봉사하고 있다.
성공과 실패는 최고 경영자의 마인드에 달려있다.
애터미 회원이 1,500만 명까지 불어나고 가입 가능 국가 114국, 해외법인 26개국과 수출로 기적을 이룬 데는 경영자의 마인드, 제품 품질, 저렴한 가격 그리고 피라미드 설계부터 다르다.

 실패한 업체들의 원인은 안될 것을 뻔히 알면서도 사기 치기 위함에 검은 발톱을 숨기고 출발하였으며 그런 마음으로 만들어진 상품이기 때문이다. 흉내만 낸 조잡한 싸구려 불량품들을 터무니없이 원가의 수십 배 마진을 붙여서 파니 회원들에게 눈탱이를 치고도 버티지 못하여 잠적하는 것이다.

 기소중지 되었다가 체포되면 불법 다단계 죄로 구속되고 거지가 되어있어서 회원들에게 피해보상을 할 수가 없었다.
자신도 못 살고 회원들까지도 가정은 이혼하고 신용 불량자가 되는 어리석은 짓들이다.
이래서 명언이 생겨났다.
사람은 어떤 사람을 만나느냐에 따라 팔자가 바뀌고 인

생이 바뀐다고 누구와 함께하느냐에 따라 인생의 성패가 갈린다는 뜻이다.
그때 애터미를 만난 사람은 상위직급에 월 1억 원이 넘어 풍요롭고 행복한 삶을 누리고 있다.

애터미 직급은 7단계다.
1. 세일즈 마스터 판매사
2. 다이아몬드 마스터 팀장
3. 샤론로즈 마스터 국장
4. 스타 마스터 본부장
5. 로열마스터 총장
6. 크라운 마스터 단장
7. 임페리얼마스터 총단장

초보 세일즈 마스터는 판매 실적으로 승급되고, 이후 직급부터 좌우 각 2명씩 나와서 같은 직급을 배출한다. 그러나 사기 다단계를 만난 사람들은 상위 몇 명만 수당을 타 하위직은 피해를 보았다.

시중에는 이런 말이 돌고 있다.
'돈 벌고 건강해지고 예뻐지려면 애터미를 만나라.'
이미 애터미 회원이 되신 분들은 박한길 회장님을 만난 덕분에 복 받은 분들이다. 자본도 필요 없고, 자신이 필요한 치약, 칫솔, 샴푸같은 생활용품을 구매하며 무점포에 자신이 포장하지도 않고 발송하지 않으면서 돈만 버는데 이런 직업은 하늘 아래 눈 씻고 찾아봐도 없다.

 필자에게는 늘 이런 습관이 있다. 무엇을 접하면 그대로 끝내지를 않고 다른 것과 접목해 보는 것이다.
그래서 세미나장에서 하나하나 메모를 하던 중 나도 모르게 두 무릎을 쳤다.
옳지 이거구나!
그동안 사업 해오며 모아둔 약 30만 명의 고객에게 애터미를 알리는 60쪽짜리 소책자와 카달로그를 포함하여 우편으로 보내보자 하니 반응이 올 것 같아 가슴이 뜨거워졌다.

 그래서 4시간 세미나가 끝나자마자 머리에서는 밑그림이 그려지고 있었다.
지인과 독자에게 배달되면 상담사를 시켜 일일이 콜을 하여 치약 칫솔부터 판매하고 그다음에는 찾아가 대면하면서 회원가입을 시킨 후 주력상품인 헤모힘을 적극 추천할 예정이다.

 필자는 글을 쓰는 소설가로서 출판사를 운영하므로 시간이 모자란다. 그래서 사업을 대신할 수 있는 젊은 인재를 내세워 직접 방문하여 애터미 회원으로 가입시키고, 가이드를 해주는 큰 그림을 그리는 중이다.

 사람은 먹은 대로 내일의 내 몸이 되고, 아는 만큼 보인다.
내가 결단하지 않으면 내 몸이 탄탄해지지도 않고, 아는 것도 없으니 그릇이 작아 잘살 수 있는 깜냥도 못 된다.
사람은 마음먹기에 달려 애터미 만이 살길이라고 결심하였으면 月수당 1억이 넘는 최고직급까지 도달하는 데 최선을 다해야 한다.
체면 차리고, 눈치 보고, 소심한 자가 성공하기는 힘들다. 팔아야 내가 산다는 각오로 죽기 살기로 해야 하며 품질 좋아 고객에게 환영받고, 저렴한 가격이라 거부감이 없고, 소모품이라 한번 고객은 영원한 고객이 된다. 라는 생각을 해야 한다.

 그뿐만 아니라 앞으로는 120세 시대가 온다는데 고인 물은 썩고 흐르는 물은 맑듯이 소일거리가 생겨서 움직이게 되니 더 건강해진다.
자신이 한 만큼 소득이 돌아오니 노후 준비는 걱정 안 해도 된다. 만약 120세가 되어 사망할 경우 가족에게 상속되며 상속세 없이 그대로 손자까지 이어진다.

필자도 네트워크 가입 권유를 수도 없이 받아 보았지만 한 번도 싸인한 적은 없다. 내 본업도 바쁘기도 하고 1인 10역으로 여러 가지 일을 하니 관심을 가질 수가 없었다. 그러나 이번만은 다르다. 필자의 자서전에서도 언급한 바가 있지만, 80이 넘은 나이에도 핸드폰 3대를 한 번도 빠트리고 다녀본 적이 없고, 지금도 1인 10역을 하고 있으니 애터미에 도전하려고 한다.

 주치의께서는 정신적인 인지 능력이 50대 못지않다고 하셨다. 치과에서도 잇몸과 치아가 튼튼하다고 하시며 어떻게 관리하냐고 물으시길래 애터미 치약과 칫솔만 쓴다고 하니 제품이 좋은가 보다.라고 말씀한다.
애터미 칫솔은 다른 칫솔과는 달리 머리가 작고 극세모라 부드러우며 손잡이는 얄상하여 입속 깊은 곳 구석구석까지 잘 닦인다.

 필자는 '이 나이에?' 라거나 '이제는 쉬어야지 뭘 해!' 이런 고리타분한 단어와는 거리가 멀다. 요즘 107번째 집필하고 있는 <새봄이>와 젊어지는 <회춘 비결>을 집필하는 데도 도움이 크게 될 것 같다.
이왕이면 애터미에서 최고령 사업자로 왕성한 사업 활동을 할 생각을 하니 가슴이 뜨거워진다.

옛날 같으면 꿈에서도 생각지 못할 일이다.
조선시대 왕 중 83세에 사망한 영조 대왕이 가장 장수한 임금이다.
지금 필자의 나이와 영조 임금과 나이가 같지만, 필자는 아직도 늙었다고 생각하지 않고 앞으로 살날이 40년은 더 남았다고 생각하며 노력한다.
그래서 미국 어느 대학교수의 책에서 읽은 게 생각난다. 세상은 20년마다 크게 변하기 때문에 그 전에 지식은 무용지물이 되어 새로운 지식을 다시 쌓아야 해서 평생을 배우는 것이라고 하였다.

맞는 말이다. 오히려 세상이 더 빨리 급변해 얼마 전만 하더라도 장사하려면 장사 밑천에 점방이 있어야 할 수 있다.라는 고정 관념이 있었지만, 지금은 맨몸에 핸드폰, 카탈로그와 7천 원짜리 명함 한 갑을 패스포트에 나누어 담고 필드에 나가면 그것만으로 준비 완료다.
처음에는 가족과 친구, 인맥을 찾아 나서면서 마음이 떨리거나 조급할 필요가 없다. 거절당하면 뒤통수 부끄러워서 어쩌지? 하며 쫄거나 겁먹을 필요가 없다.
물건을 사라는 게 아니다. 칫솔 하나를 써보라고 선물하면 싫다는 사람은 없다. 그러면서 카달로그 한 장을 주면서 제품들을 보라고 하면 된다.

온실 속에서만 자라온 사람은 조금만 힘들어도 작심 3일로 잘 포기한다.
필자는 끌려가다시피 한 세미나에서 4시간을 경청하며 느끼고 터득한 것이다. 그동안 인맥을 형성한 지인들에게 건강을 위해서 애터미 회원으로 활동을 권할 참이다.
모르는 것은 손에 쥐여줘도 모른다. 모르면 더 알려고 자료를 찾아보고 인터넷검색을 해보면서 배워야 한다.

 필자가 13년째 핸드폰을 3개씩 소지하는 이유는 독자가 30만 명인데 핸드폰 한 대에 다 입력되지 않기 때문이다. 그래서 나누어 입력해 놓고 독자 관리를 한다. 독자분 중에는 카톡이나 메시지를 잘 안 보시는 분도 계시다. 그런 분께는 우편으로 신간이나 카달로그를 발송해 드린다. 칫솔 하나를 넣어 드리면 금상첨화다.
애터미 세미나를 다녀온 후 일주일 동안 60쪽 소책자를 집필한 것은 독자들에게 **빨리** 알리고 싶어서이다.

 앞으로 애터미 사업을 하면 30만 독자 전원에게 애터미 카달로그와 신간 책을 지속적으로 선물해 드리려고 한다.
바야흐로 광고 전쟁 시대다. 알리지 않으면 소비자는 모른다. 광고하면 소비자에게 일일이 사라고 설득할 필요가 없다. TV 홈쇼핑처럼 충동구매도 있고, 필요 욕구에 의하여 구매가 이루어지는 것도 있겠다.

 쇼호스트는 곧 매진될 거라고 트릭을 써가면서 매출에 신경을 곤두세운다. 한번 방송을 만드는데 비용이 억이 들기 때문이다.
실물을 보지 못하고 시식하지 못한 음식을 구매하고 한번 먹어보니 광고와는 많이 달라서 실망하게 된다.
그래서 개봉하여 먹은 것도 있고 또 반품하기에 번거로우니 쓰레기통으로 막 바로 직행한다. 광고비가 고가이다 보니 원가를 절감하느라 재료가 수입산 싸구려 이거나 원료가 적게 들어가 맛이 없는 것이다.

 그런데도 유명 요리 전문가나 이름있는 연예인을 모델로 내세워 이번은 틀림없겠거니 하고 구매해 보면 역시나다. 사기 다단계 상술과 유사하다.
그러니 광고로 한번 해 먹고는 그 상품은 자취를 감춘다. 소비자를 속이고 우롱하는 기업은 수명이 짧다.

 애터미가 상품의 품질이 좋으면서 저렴한 이유는 고가의 광고비가 없고 제조에서 판매까지 동시에 유통이 이루어져서 중간 마진과 재료비가 절감되기 때문이다.
그러므로 박리다매로 1,500만 회원에게 수당을 돌려주고도 원활하게 운영되며 승승장구하는 것이다.

 나이가 들수록 암, 당뇨, 치매에 걸릴 확률은 더 높아진다. 예방이 우선이다. 노인 인구가 천만이 넘고 있어 실버상품 시장이 대세다.
생산자는 물건을 만드는 것보다 판매하는 것이 더 어렵다.

 애터미 회원 중에는 본업이던 가게까지 때려치우고 본격적으로 뛰어들어 전업으로 한다.
그럴듯한 직장에서 정년퇴직 후 편안하게 살 수가 있는데도 활동을 위하여 애터미 회원에 가입하여 움직였더니 당뇨가 오기 시작한 전 단계가 싹 사라졌다고 살맛이 난다고 한다.

 지도자의 창의력과 의지가 기업은 대기업으로 성장하듯이 기적의 철인 박한길 회장님은 쇠도 녹이는 열정으로 애터미를 대기업보다 더한 왕국을 세웠다.
왕조 시대는 나랏돈으로 세웠지만, 애터미는 오로지 회원들끼리 뭉치고 박한길 회장의 투지만으로 이룰 수 있었다.
윤영성 1호 사업자이자 목사님께서 2025년 10월에 박한길 회장님의 자서전이 출간될 거라고 귀띔하시니 마냥 기대된다.

 자서전에는 자신이 일생동안 한 일을 한 권으로는 다 표현하지 못한다. 그래서 본 필자의 자서전도 1권 <천태만상>, 2권 <인생길> 전반전과 후반전으로 나누어서 기록하였다.
필자의 자서전을 모두 읽어 본 가족, 친지, 친구, 지인과 독자들은 그동안 몰랐던 스토리를 알게 되니 저자가 새롭고 다시 보인다고 말한다.

 박한길 회장님이시자 장로님이 걸어온 길을 자서전을 통하여 새롭게 알게 될 것이라 생각하니 더욱 가슴이 벅차오른다. 어린 시절과 성장하면서 겪은 일, 젊은 나이에 시한부 인생으로 투병하며 극복한 사연 등 그런 인연이 새옹지마처럼 전화위복이 된 스토리를 생각하니 책장이 술술 넘어갈 것 같다.

애터미 본사 전경

애터미 회장 박한길 자서전부터
대우그룹 김우중 회장의 자서전 <세계는 넓고 할 일은 많다>
현대그룹 정주영 회장의 자서전 <이 땅에 태어나서>
삼성그룹 이병철 회장의 자서전 <호암자전>
롯데그룹 신격호 회장의 아들이 쓴 <나의 아버지 신격호>
대기업 창업 1세대들의 자서전은 사업을 하는 회원들이라면 꼭 읽어야 할 필독서이다.
책은 사람을 만들어 훌륭한 인재로 쓰이며 독서 하지 않고는 성장할 수가 없기 때문이다.

애터미는 영남 산불피해 성금으로 100억 원을 기부하였으며 3억5천만 원어치의 구호품을 나누어 주었다.
애터미는 누적 1,300억 원 이상 기부를 이어오고 있는 모범 기업이다.

애터미는 칫솔과 화장품 건강식품으로 유명하여 26개국에 수출하고 있으며 미국에서만 작년에 1천억 원 넘는 매출을 거두었다. 중국법인은 매출 1조 원, 러시아와 대만에서도 1,300억 원에 매출을 기록하여 세계에서 네트워크 매출로 10위권 안에 들기도 한다.
애터미는 정부에서도 일하기 좋은 기업으로 4년 연속으

로 선정되기도 했다.

　세계 각국에 있는 애터미 회원 1500만 명은 100회 이상 세미나에 참석하기 위해 연간 50만 명이 공주를 찾아 750억 원을 소비한다. 경제적인 파급효과는 2,400억에 애터미의 누적기부금은 천억 원에 달한다. 공주시는 효자 기업인 애터미로 인해 세수를 한해에 60억 원이나 거둬들이고 있다.

　박한길 회장님은 애터미를 창립하기 이전에 시한부 판정을 받았으며 신용 불량자였다. 그러나 원자력 병원의 의술로 목숨을 건졌고 그곳에서 개발한 건강식품과 화장품 판권을 얻어 인생의 새 출발 하는 시점이 되었다. 네트웍 사업자를 내려면 오랜 지인인 윤영선씨에게 부탁할 수밖에 없는 열악한 출발이었다.
윤영선씨 부인 명의로 사업을 시작하였지만, 지금은 1,500만 명의 회원과 2조 원의 매출로 무에서 유를 창조하여 성공신화를 이루었다.

　사람들은 누구나 건강하게 오래 살기를 원한다.
그리고 풍요로운 돈과 아름답고 예뻐지기를 바란다.
이럴 때 애터미를 만나는 것은 행운이다.
건강, 돈, 아름다움 이 3가지의 본능은 저절로 하늘에서 뚝 떨어지는 것이 아니라 어떠한 계기가 되었을 때 느끼고 터득하고 깨달아야 만이 마음이 동요되고 행동으로 이어진다. 행동이 습관이 되면 인생이 바뀌는 것이다. 무자본, 무점포, 포장이나 발송도 하지 않아도 되고, 핸드폰, 명함, 카달로그만 있으면 꿈은 이루어진다.

 앞으로는 120세 시대가 되므로 나이가 들어도 통장에 고정적인 수입이 들어와야 하는데 애터미가 바로 그런 회사이다.
만약 수명이 다하여 사망하게 되면 아내나 자녀에게 고스란히 양도된다니 이보다 더 좋은 상속이 없다.
병원에서 병명을 진단받으면 서점에 가서 그 병에 관한 책부터 사서 보듯이 애터미 사업자가 되기로 가입을 하였다면 세미나에 참석하여야 한다.
운동선수가 만 번 연습하면 금메달이지만, 연습 부족은 노메달이듯이 준비하고 알고 가면 남보다 더 빨리 터득이 되고, 실적을 올릴 수 있기 때문이다.

제2장 성공 사례

①성공 사례자 주 진완 씨는 고려대를 나와 제일 은행에 20년을 다니다가 애터미로 갈아타기 위하여 과감히 퇴직하였다. 지점장 연봉이 일억인데도 만족하지 못하였고 더 높은 꿈을 위하여 애터미 회원으로 가입하고 죽기 살기로 뛰었다. 그런 후 4년이 되자 7단계에서 최고직급 바로 아래인 6번째 CM 단장이 되어 월 4천만 원이 통장으로 들어왔다.
이제는 이사 갈 필요도 없게 되었다. 왜냐면 강남에서 전망이 제일 좋은 집에서 살기 때문이다. 이 모든 게 애터미 때문에 가능한 일이었다.

②하남에 사시는 신정자씨는 83세로 다이아몬드 마스터로 판매사 다음인 팀장이다. 팀장은 월 400에서 천만 원의 수입이 생긴다.
신정자씨는 나이가 많아서 손과 발이 저리고, 잘 넘어지고, 기억력도 없어져 지인이 추천해준 애터미 헤모힘

을 먹기 시작하였다.
그 후 점점 활기가 넘치더니 정신도 또렷해지기 시작하였는데 헤모힘을 추천했던 분이 회원가입을 해보라고 한 것이 계기가 되었다.
놀면 뭐 하나 하며 소일거리로 시작한 것이 이러한 영광의 자리까지 오게 되었다고 한다.
헤모힘을 먹으면서 애터미를 알게 되었고, 건강도 회복되고 수입도 생기니 백 살까지 애터미와 함께하겠다고 말한다.

③전업주부였던 43세인 회원은 월 천만 원을 벌어 월천댁이 되었다.
처음 시작한 2021년에 250만 원, 2022년 550만 원을 벌었고, 2023년 3천만 원 드디어 4년 만에 2024년 1억 5천만 원을 벌어 세 번째 직급인 샤론로즈 마스터 국장이 되었다.
어느 날, 친구가 '애터미 한번 해보지 않을래?' 하여 빈혈이 심했던 차에 헤모힘을 먹게 되었고, 가격이 저렴해서 부담이 없어 먹기 시작한 뒤로 건강을 되찾을 수 있었다.
꾸준히 먹은 덕분에 빈혈이 없어지니 가족들과 주변 지인들이 먼저 알아보았고, 애터미에 믿음이 갔다. 그래서 아무도 몰래 애터미가 어떤 데인지 알아보기 시작했다.

누구나 건강식품, 화장품, 생필품을 어차피 써야 하는데 싸고 좋으니 단골이 안 될 이유가 없었다.

그때부터 뒤도 옆도 돌아보지 않고 뛰어들었다. 시간이 남을 때는 아르바이트로 몸으로 때우는 홈쇼핑 포장일을 하였는데 애터미는 몸도 고달프지 않았고 수입도 몇십 배가 올라서 내가 살 길은 이거구나 하고 죽기 살기로 뛰어다녔다.
"수입이 늘어나니 아르바이트 다닐 때 타던 소형차도 중형차로 바뀌게 되더라고요. 애터미 사업은 어려울 게 없어요. 내가 쓰고 있는 칫솔 치약부터 솔직하게 사용 후기를 설명하면 돼요."라고 말한다.

 2025년 3월 28일과 29일 양일간 1박 2일로 속리산 포레스트 호텔에서 400여 명의 애터미 회원들이 석세스 아카데미에 참여하였다.
박한길 회장은 이날 깜짝 방문하셔서 인생 시나리오의 중요성을 강조하셨다. 속리산에서 쓰는 인생 시나리오는 애터미에 있어 각별한 의미였다며 속리산의 유스타운이 지금의 애터미를 만들었다고 하였고, 속리산 포레스트 호텔은 글로벌 유통의 허브 애터미를 만들어 가는 터전이 될 것이라고 말씀하셨다.

이날 한양대 유영만 교수는 강사로 나와 '백 년 기업 애터미'라는 주제로 강연하였다. 성공하는 기업의 7가지 성공요건으로 애터미 기업을 풀어냈다. 그가 정의하는 기업들의 성공요건은
① 존재 목적과 사명
② 정체성과 가치 공동체
③ 비전과 시각화
④ 과감한 도전과 학습
⑤ 헌신적 리더십 창조
⑥ 지속가능성 브랜딩
⑦ 공동체 기여와 헌신
애터미 존재의 목적과 사명은 고객의 건강과 행복 그리고 성공을 도와주는 라이프다. 또한 영혼을 소중히 여긴다는 믿음에 굳게 선다.라는 생각으로 경영한다. 애터미의 사훈은 바로 정체성과 가치 공동체 요건을 충족시킨다.

세 번째 요건인 비전과 시각화 요건은 살며 사랑하며 배우며 공헌하는 삶이 대응하고 있으며 과감한 도전과 지속적 학습이라는 요건은 현재에 안주하지 않고 끊임없이 도전하는 것이다.
젖소 철학과 아기 철학을 바탕으로 고객 만족과 감동을 넘어 성공을 돕는 든든한 비즈니스 파트너로 자리매김

하는 것을 지속가능성 브랜딩이다.

 마지막으로 공동체 기여와 헌신은 애터미가 가장 잘하는 것인 사회 공헌이다.
유교수는 100년 기업으로 가는 성공의 길에는 도전과 꿈과 열정과 헌신이 있다고 말했다.

 첫날 저녁에는 김경숙 임페리얼 마스터가 어떻게 꿈꾸고 어떻게 이뤘는가에 대해 열정적으로 이야기하며 인생 시나리오의 유효성을 설명했다.
한상근 전무는 헤모힘에 대해 누구보다도 알기 쉽게 강연해 참석자들의 박수를 받았다.
이어서 박미영 크라운 마스터는 애터미 가치와 비전을 주제로 가슴 울리는 뜨거운 강의와 참석자 열 명의 인생 시나리오가 있었다.
1박 2일이 마치 한순간에 끝난 듯한 아쉬움을 뒤로 하고 마무리됐다.

 참석자들의 반응은 뜨거웠다. 400명의 작은 인원이 오붓하게 모여 인생 시나리오를 쓰는 시간이 좋았다며 성공으로 가는 길에 많은 도움이 됐다고 하였다. 또한 강의가 생동감 넘치고 편하고 아늑한 숙소에 감동받았다고 회원들은 하나같이 입을 모았다.

속리산 1박 2일은 매월 진행된다.

 4번째 최규정 임페리얼 마스터가 탄생하면서 내 꿈은 나와 가족과 파트너 들의 삶이 바뀌는 것이라고 입을 열었다.
여느 사업자들처럼 나도 오리탕 집에 재료납품 하다가 박정수 임페리얼마스터의 손에 이끌려 공주 세미나장에 왔다가 애터미가 시작되었다.

 전설의 17인 중 한 사람이 되기 전까지는 식당에 재료를 납품하는 데 한계를 느끼고 있었지만 그렇다고 애터미에 대한 큰 기대도 없었다. 그저 따뜻한 집에서 가족들 굶기지 않고 살 수 있다면 충분하였다. 그런 마음으로 애터미에 올인했더니 결과는 애터미 최고직급 임페리얼마스터가 되었다. 내 꿈은 나와 가족과 파트너들의 삶이 바뀌는 것이라며 회원들의 비빌 언덕이 되어주고 싶다.

 하던 일도 그만두었기 때문에 애터미 사업에 죽기 살기로 매진하였다. 식자재를 그만두면서 밀린 식자재 값을 다 정리하고 나니 중고차 한 대도 살 돈이 없어 렌트카로 전국을 누비고 다녔다.
한 달에 무려 만 킬로미터 이상을 다녀 엔진오일은 한

달에 한 번 갈아야 했고 타이어는 5개월에 한 번씩 갈아 끼워야 했다.
가족들은 그러다가는 쓰러진다고 걱정이 이만저만이 아니어서 한사코 말렸지만 통하지 않았다.

 급기야는 반신마비가 왔지만, 다행히도 오래가지 않고 회복되어 또 죽어라 하며 전국을 돌아다녔다. 아니나 다를까 재발 되어 마비가 다시 찾아왔다.
하지만 잠깐만 쉬고 다시 전국 방방곡곡을 뛰었다.
그 당시 정상에 올라 성공을 맛본 사람이 없었으니 7등급 중 최고직급인 임페리얼마스터로 성공한다. 라는 확신이 서면서 강한 의지를 불태웠다.

 최규정은 마지막으로 "그동안 하는 일마다 망하여 8번 망하고 9번째가 애터미였습니다. 그래서 8전 9기라 이번 이번에는 끝장을 보아야 한다고 결심을 했습니다. 모든 일은 저절로 되는 것은 없습니다. 여덟 번 실패로 시련과 고난은 제 인생을 성장시키는데 큰 교훈을 가르쳐주었습니다.
지금 다니고 있는 애터미가 자기처럼 망하면 안 된다는 생각으로 인생을 걸고 죽기 살기로 오로지 애터미에 미쳐 있었습니다. 회사가 망하면 꿈을 이룰 수가 없으며 말짱 도루묵이 되기 때문에 목마른 사람이 샘을 판다고 나보다 회사가 먼저 잘되어야 했습니다."라고 말했다.
애터미로서는 최규정 같은 인재가 있었기에 승승장구하는 것이다.

 기업은 한 사람의 인재를 잘 만나면 천명의 가족을 먹여 살린다고 하듯이 사업은 곧 사람이다.

네트워크에서 1인 사업자가 성공하려면
①열정이 샘솟아야 한다.
②용기가 남달라야 한다.
③책임감이 있어야 한다.
④부지런해야 한다.
⑤따뜻하고 겸손해야 한다.
⑥인사성이 깍듯해야 한다.
⑦믿음을 주는 신뢰성이 있어야 한다.
⑧창의력이 있어야 한다.
⑨세미나 참석 등 공부를 계속해야 한다.
⑩끊임없이 도전해야 한다.

 성공하는 사람은 남과 다르다. 남과 같아서는 정상에 오를 수가 없다.라는 게 만고의 진리며 불변이다.
최규정 임페리얼같이 하면 정상에 오르지 않을 수가 없다.

감나무 밑에서 입만 벌리고 있다고 감이 입속으로 들어오지는 않는다. 두 발로 가장 많이 뛴 사람의 보상 대가는 반드시 돌아온다.

 최규정은 네트워크가 처음이었다. 하지만 모든 사람은 개인에 따라 적성에 잘 맞는 일을 하여야 능률이 오르듯이 물 만난 고기처럼 애터미와 궁합이 잘 맞았다.
제품을 접해보니 얼마든지 팔 수 있겠다는 자신감이 있었다. 그동안 영업만 해왔기 때문에 상품을 판단하는 안목도 있었다.

 애터미 사업은 혼자서만 하기에는 한계가 있어서 제심합력(齊心合力)이 있어야 한다.
초대 이승만 대통령의 연설에서 유래한 제심합력(齊心合力)이란 국민이 한마음 한뜻으로 힘을 합친다는 뜻으로 뭉치면 살고 흩어지면 죽는다는 말이다.
애터미 기업에서도 제심합력에 대해서 가르치며 강조하고 있다.

 최규정은 익산에 망해가는 오리집에서 만났던 사람들 때문에 제심합력의 중요성을 깨닫게 되었다.
오리탕 집 운영은 혼자 하는데 애터미 사업은 서로 경쟁자가 아니라 협력자들이다. 파트너가 성공해야 내가 성공하고 내가 성공해야 스폰서도 성공한다.
애터미의 이런 정신이 희망을 잃어버린 사람들이 다시 용기를 가질 수 있다.

"애터미를 하면서 가장감격스러웠던 순간은 다섯 번째 직급인 로열마스터를 달성했을 때다. 더이상 가족의 생계에 대해 걱정을 하지 않아도 됐기 때문이다. 6번째 크라운 마스터가 되고 7번째 임페리얼 정상 직급이 되었을 때의 기쁨은 자신의 결정이 옳았음을 확인하는 것이었다. 월세 내는 날이 돌아오면 가슴 조이며 주인 눈치를 볼 필요도 없었다. 이제는 800평의 널찍한 대지에 익산 시내가 다 내려다보이는 언덕 위에 마당이 있는 단독 주택에서 누구 눈치도 보지 않고 내 마음대로 마음 편히 살 수가 있으니 이제는 여한이 없다.

사업을 한답시고 시골 고향 집까지 팔아먹고 말았다. 그 고향 집에 대한 그리움과 미안함이 있어 같은 고향에서 이 집을 만들게 된 것이다. 이제는 파트너들이 자신과 같은 꿈을 이룰 수 있도록 돕는 것이다. 수없이 장사를 망하면서 누가 나에게 조언이나 격려나 조금의 도움만 받을 수 있었다면 언덕이 되어 다시 일어설 수 있을 것만 같았다. 그런 것이 굉장히 아쉬웠다. 그래서 우리 파트너들에게 언덕이 되어 주고 싶다. 소도 언덕이 있어야 비빈다고 비빌 언덕이 있으면 어려운 고비를 넘겨 임페리얼이 되게 해주고 싶다."라며 마지막으로 연설을 마쳤다.

최고 직급 임페리얼 마스터 상금 10억과 트로피

제3장 효자상품 '헤모힘'

 애터미 대표상품 헤모힘은 한마디로 요약하자면 면역력의 황제다.

 헤모힘은 한국 원자력연구원이 국가 예산 50억 원을 투입하여 개발한 면역기능 개선 건강기능식품으로 100세까지 누구나 섭취할 수 있다.
15명의 박사 및 의사급 연구진이 8년에 걸쳐 연구한 결과물이다.

 면역력이란 외부에서 침입하는 바이러스, 세균, 독소 등 유해 한 물질로부터 몸을 보호하는 능력을 말한다. 외부에서 들어오는 온갖 병균이 입과 코, 피부 점막과 몸속으로 침투해 오면 가래와 재채기가 병균을 차단한다.

 면역력이 약한 사람은 감기나 잔병치레를 잘 하고 상

처나 염증이 잘 낫지 않으며 심지어 불임도 면역력과 깊은 관련이 있다. 면역력이 강한 사람은 마스크를 쓰지 않았는데도 코로나에 걸리지도 않고 피부가 맑고 트러블이 적으며 피부병을 모르고 산다. 그래서 면역력이 강하다는 것은 신체적으로 건강하여 치아, 귀, 오장육부에 아무런 증상이 없이 건강하게 잘 사는 것을 말한다.

 면역력이 강하면 강력한 질병이 오더라도 살짝 왔다가 가벼운 치료에도 빨리 낫지만, 면역력이 약하면 가벼운 질병에도 병상에 눕거나 사망에 이르기도 한다. 같은 병이라도 한 달 이상 가는 사람이 있는가 하면 3일만 콜록거리다 멀쩡한 사람이 있는 것은 개인적으로 면역기능이 다르기 때문이다.
면역력이 강했던 사람도 한순간에 무너져 방어벽을 뚫고 체내에 들어와 인플루엔자로 고생하므로 늘 조심해야 한다.

 사람은 출생부터 만9세까지와 50세 이후부터 면역기능이 떨어진다.
자동차도 오래 굴리면 고장이 잦 듯이 사람도 오장육부와 장기를 오래 쓰면 낡아져서 면역기능도 떨어질 수밖에 없다. 그러므로 젊은 사람보다 나이 든 사람일수록 면역력이 약한 것이다.

강한 면역력은 질병을 비켜 간다거나 역병을 면한다고 말한다.
이 말이 얼마나 면역이 중요한지를 말해주는 것이다.
도둑맞지 않으려면 문단속을 잘해야 하듯이 우리 몸에 병은 예방이 되어야 걸리지 않으므로 그 첫 번째가 면역력을 키우는 것이다.

 우리 몸에는 하루에 5천여 개의 암세포가 생성된다. 그럼에도 모두가 암에 걸리지 않는 것은 암세포에 신속하게 대응하여 제거하기 때문이다.
면역계에 이상이 있거나 작동하지 않을 때 암세포는 영역을 확장해 가며 신체 각 부위를 잠식해간다.

 면역력이 약하면 암, 감기, 폐렴, 기관지염, 방광염 등 각종 질병 발생률이 높아진다. 머리끝부터 발끝까지 면역력이 미치지 않는 곳이 없다고 하여도 과언이 아니다.
봄철 꽃가루 알레르기나 원형탈모까지도 면역력에 해당한다. 그렇지만 복숭아 알레르기, 당근 알레르기, 대머리는 유전에 가까울 수 있다.
예방 주사도 면역력을 높여 전염병에 걸리지 않게 높여주는 백신 접종이다.

그러면 질병을 예방하고 순조롭게 치유할 수 있도록 면역력을 높이려면 어떻게 하여야 하나?
만병에 근원인 스트레스를 받지 말아야 한다.
스트레스를 받지 않는 사람은 없지만 떨쳐내어야 한다. 근심, 걱정, 고민, 불안, 초조, 조바심, 앙심, 질투, 다툼, 미움, 욕심 이런 것들을 자제하며 의도적으로 피하여야 한다.
스트레스를 푼다고 술을 마시는 것보다 산책하며 음악을 듣거나 독서를 하는 것이 좋다.

체온을 높여 주는 것이 중요하다. 멋을 낸다거나 날씬하게 하려고 겨울인데도 내복도 안 입고 미니스커트에 배꼽티는 당장에는 모르지만, 불임과 여성 병을 달고 살게 된다.
그래서 음식도 따뜻한 음식을 먹어야 하며 냉수, 냉차, 빙수, 냉수욕은 체온을 떨어트려 면역력이 약화 된다.

스트레스 체온 다음에는 수면과 영양, 운동이다.
90이 넘어도 끊임없이 활동하는 사람은 면역력도 강하다.
건강은 예방이 첫째라는 것을 잘 알기에 면역이 그에 대한 답으로 돌아온다.
스트레스를 비켜 가고, 체온을 늘 높이고, 8시간 이상

낮잠까지 9시간을 숙면하고, 규칙적인 식사로 골고루 먹고 활동하며 5천 보 이상 걷는다.
그리고 면역력을 높이기 위해 애터미의 헤모힘을 섭취한다.

 나이 든 분들은 입으로는 건강이 최고라고는 하지만 어떻게 해야 약도 먹는 게 없이 120세까지 두 다리로 걸어 다닐 수 있는지 모른다.
그 이유는 독선적인 마음의 문이 닫혀있어 건강세미나 참석이나 건강 서적을 보지 않아도 다 안다는 안일한 생각 때문이다.
바로 이런 것이 아무것도 하는 일 없이 인생을 낭비하며 노년을 아깝게 보내는 일이다.

 전국민에게 건강 설문 조사를 하였더니 질병 예방을 위하여 건강식품을 섭취하고 있다는 응답이 35%뿐 이었다.
오히려 젊은 사람이 노인들보다 더 많았다.
노인 중에는 홍삼이 무엇인지 80이 넘도록 한 번도 구경 못 해본 사람이 수두룩 한데 헤모힘은 더 말할 것도 없다.

 앞으로 헤모힘 시장은 무한대로 보여진다.

필자가 일본에서 현지 법인 '생보석' 사업 시 일본인들 90%가 건강식품을 섭취하였고 그래서 세계 장수국 1위가 일본이었다.
건강식품의 섭취는 건강악화를 사전에 방지하기 위해 관리 하는 것이다. 나이가 들수록 면역력이 떨어져 질병에 취약한데도 그 이치를 깨닫지 못한다.
건강식품 섭취, 규칙적인 좋은 생활습관, 충분한 수면, 적당한 운동, 고른 영양섭취는 면역 관리의 기본이다
헤모힘 같은 건강식품은 한 번만 섭취하는 것이 아니라 꾸준히 섭취해야 한다.
지금보다 건강한 미래를 위해 준비해야 지혜로운 사람이다.

 소화력이 약한 노인은 음식만으로는 충분한 영양섭취가 어려워 비타민, 미네랄, 단백질 등의 보충이 필요해 건강보조 식품을 섭취해야 한다.
그러려면 장기에 부합하는 제품을 선택해야지 건강기능식품은 치료제 약이 아니다.
약으로 오인하고 몇 번 복용하였는데도 효과가 없다고 불만을 터트리는 노인들이 많다. 꾸준히 섭취해야 효능이 나오는데도 조급함 때문에 분통을 터트리고 만다.

 신체의 정상적인 기능을 도모하거나 생리 기능 활성화

를 통해 건강을 유지 또는 개선하는데 의미가 있다.
그러므로 질병 발생 위험 감소 기능, 생리 활성 기능, 영양소 기능으로 구분된다. 건강식품 섭취는 질병의 발생 건강 상태에 위험을 낮춘다.
애터미에는 수백 종의 건강식품과 화장품 생활용품이 있지만, 회원들은 헤모힘부터 섭취해보고 헤모힘이 얼만큼 좋은지 알게 되어 자신감이 생겼다고 말한다.

 필자가 자수정출판사를 운영하면서 부업으로 자수정 홈쇼핑에서 신문광고로 건강기능 식품을 판매하였다.
TM(텔레마케터) 여직원이 30여 명 있었는데 교육 시 고객이 가장 많이 원하는 게 남성은 정력제, 여성은 예뻐지는 화장품이나 미용기구라고 말했다.
할아버지들은 다리가 부들부들 떨리면서도 사무실까지 간신이 찾아와 남성 발기 기구를 실험해보고 구매하겠다고 떼를 쓰기도 한다.

 여기는 홈쇼핑이라 오시는 데가 아니라는 데도 막무가내였다. 그렇다고 노망난 할아버지가 아니라 남자의 본능으로 죽는 관 앞에서도 여자 생각이 난다는 것을 말해주는 솔직한 행동이다.
지금 같으면 다리에 힘이 풀려 후들거리는 할아버지에게 몸이 우선 회춘 되셔야 하므로 건강기능 식품을 추천해 드렸을 것이다.

 앞으로는 30만 명의 고객과 독자 그리고 홈쇼핑 구매자들에게만 본 서적을 발송하여 애터미를 알리고 헤모힘을 추천해 드리려고 한다.
그동안 잘 몰랐던 분들에게 회원가입 하는 방법을 알려드리고, 헤모힘뿐만 아니라 생활용품도 꾸준히 사용하실 수 있게 도와드리려고 한다.

 헤모힘은 면역기능 개선인 건강식품으로는 국내 1호다. 1997년 국가기관인 한국원자력 연구소에서 연구하였지만, 상품은 만드는 것보다 판매가 중요한데 판매가 저조 하자 박한길 회장이 독점으로 인수하여 몇백만 개가 소비자 손에 넘어가고부터 빛을 보기 시작하였다.

 면역기능 개선에 도움 된다는 걸 확신하여 과대광고 없이 겸손한 자세로 판매하였고 그 결과 그 효능은 체험해본 사람만이 알 수가 있기에 지금까지 꾸준히 히트한 제품이다.
어느 광고 카피에 '남자에게 참 좋은데 말할 수가 없네.'처럼 헤모힘도 마찬가지로 생식기능과 정력에 말할 수 없는 만족을 느낄거라고 생각한다.

한국원자력 연구원은 의사들이 암을 연구하는 국과 기관이다.
발명은 필요에 의하여 탄생 되듯이 조성기 박사는 암을 이기려면 면역력이라는 걸 알고 연구하였다.
그는 약골로 태어나 질병으로 죽을 고비를 여러 차례 넘겼고 잔병치레는 달고 살았다. 고3 때는 수술까지 받게 되어 성적이 떨어져 '왜 나는 자주 아플까?'라는 생각을 하게 되었고 그 후 질병에 대한 관심을 갖고 서울대 미생물학과에 진학했다.

 1970년 신대륙을 발견하듯 면역학을 정립하여 1982년 군 제대 후 한국원자력 연구소에 입소하였다.
조성기 원자력 소장과 면역학이 붐을 일으키면서 제품 하나를 만들고 싶다는 욕구가 샘솟았다. 그래서 조성기 소장은 윤택구 박사와 합류 하여 연구에 몰입하였다.

 원자력 하면 원자폭탄이 떠올라 무서운데 방사선 의학의 연구와 첨단 원자력 의학기술을 상징화하여 붙여진 이름이다. 그만큼 암 연구와 면역연구에 전문인 병원이다. 암 환자들이 방사선으로 항암치료를 받고 나면 녹초가 되어 먹으면 모두 다 토하고 머리는 다 **빠져** 흉하게 되고 몸은 **뼈**만 남아 항암치료 방사선 말만 들어도 몸서리친다. 그래서 면역력 제품이 시급하다고 판단하였다.

 환자들이 암으로 그냥 사망하는 것보다 항암치료 받는 걸 더 고통스러워하는 이유는 방사선을 쪼여 암세포를 죽이고 주변으로 암세포가 옮기는 것을 막으며 그 과정에서 정상 세포도 손상시킬 수 있기 때문이다.
이 과정에서 여러 가지 부작용으로 환자들이 고통스러워하고 무엇보다도 암 환자가 많아지는 원인은 면역력 때문으로 면역력만 강하면 무병장수할 수 있다.
그래서 미리 면역력을 관리하는 것이 중요하다고 판단하여 연구 개발된 것이 '헤모힘'이다.

 국가기관이 10여 년에 걸쳐 심혈을 기울여 탄생한 헤모힘은 33종의 식물추출물로 만들어진 제품이다. 미국, 일본, 영국, 프랑스, 독일, 이탈리아까지 선진국에서도 국제특허를 받은 제품으로 기력이 좋아져 남성 스테미너도 살아난다.

 보혈(補血)은 피를 보충하고, 보기(補氣)는 기운을 북돋아 둘이 상호 보완해야 면역력이 강화된다.
옛 양반들은 생약 효과가 있다고 하여 혈과 기를 보호하기 위해 사물탕, 사군자탕, 십전대보탕, 구비탕, 보증익기탕, 삼령백출산, 허브 등을 정성스럽게 달여먹었다.

연구팀이 문헌이나 논문자료에 근거하여 먹기 편하게 만든 것이 바로 헤모힘이다.

 이렇게 좋은 보약 중의 보약 같은 명품 건강기능 식품이라 하여도 소비자가 안 알아주면 종이호랑이만도 못하다.
그래서 만드는 사람은 만들고 파는 사람은 팔아야 한다. 아무나 만들고 아무나 파는 것이 아니다.
원자력 연구진이 각고 끝에 만들어 샴페인을 터트렸지만, 신문광고를 내보면서 실망하였다. 하루종일 겨우 세 통의 문의만 오고 종 쳤기 때문이다.
사람도 때를 잘 만나거나 사람을 잘 만나야 운이 트이듯이 제품도 어느 때에 어떤 임자를 만나서 제대로 빛을 보느냐가 중요하다.

 면역학문은 참으로 오묘하므로 인류가 모두 다 밝혀내기란 어려울 것이다.
인간은 수억 명이 있어도 얼굴이 제각기 다르듯이 성격도 다르고 인체에 미치는 저항력도 다르다.
그러나 애터미 헤모힘은 인종이 다른 해외에서도 인정받아 기대 이상의 인기를 얻고 있다. 인종이 달라도 면역력에 탁월하며 가격(60포 두 달분 88,000원)이 저렴해 계속해서 판매되고 있다.

다른 경쟁업체에 이런 독점 아이템이 있었다면 소비자에게 백만 원 이상 눈탱이를 치거나 배짱부렸을 것이다.

 세계 제일 부자인 미국에서 헤모힘이 소비자들로부터 인정받아 불티나게 팔려 나갔다면 호랑이에게 날개를 달아준 턱이다.
우리나라 국민도 일찍 헤모힘을 알았더라면 질병에 걸리는 환자가 훨씬 줄었을 텐데 안타까운 실정이다.
미국과 유럽에서 인기가 끊이질 않자 러시아와 중국에서도 관심을 보여 헤모힘의 매출이 2조 원에 이르렀다.

 맛없는 음식점이 파리만 날리는 것은 장사가 안되면 무슨 문제가 있는지 자아 반성을 해야 하는 데 시국이 어려워서 손님이 없다고만 생각하지 맛이 없다고 생각하지 않는다.
그렇듯 사람들은 품질에 대해 예민하므로 품질이 나쁘면 매출 상승은 있을 수 없는 일이다.

 해외시장에서 헤모힘을 연구한 조 박사에게 어떻게 이런 좋은 제품을 만들었냐고 물으면 조 박사는 대답한다.
허약하게 자란 내가 면역 분야만을 연구한 게 운이 좋

앉다며 운때가 잘 맞은 것 같다고 겸손함을 잊지 않는다. 마치 갑부에게 부자가 된 비결이 뭐냐고 물으면 우리 아버지가 가난했기 때문이라는 이치와 같았다.

애터미에서 헤모힘을 판매하기 시작한 것은 지금으로부터 16년 전인 2009년부터이다. 그 후 2년 국내에서만 천억 원이 넘는 매출을 올렸다.
소비자를 사로잡을 수 있었던 원인은 품질과 가격, 네트워크 조직, 판매기술 때문이다. 이렇게 3박자가 맞아떨어지게 이끌어온 것은 두말할 나위가 없이 박한길 회장의 경영학 박사다운 리더쉽이다.

조선시대 뛰어난 인삼장사 임상욱처럼 타고난 거상 박한길 회장에게 헤모힘이 눈에 띄었기 때문에 베스트셀러가 되고 효자상품이 될 수 있었다.
제품을 만든 연구진이 판매한 것은 초라하게도 모두 500상자도 채 되지 않았다. 이 정도면 생존이 걸려 있어 곧 문을 닫아야 할 형편이었다.
그래서 안 팔리는 물건은 통상 위탁판매를 하는 경우가 많은데 제품을 만들고 판매하는 데에는 각자의 전문분야가 있기 마련이다.

장사꾼들 몇 명에게 외상으로 위탁판매하였으나 마찬

가지였다.
팔리면 좋고 안 팔리면 말고 돈 주고 사는 게 아니니 판매에 머리를 쓰지 않으면 프로가 아니다.
그렇게 의학박사들이 심혈을 기울여 어렵게 명품으로 만들어낸 헤모힘이 주워온 자식처럼 버림받으니 기가 막혔다.
이제는 마지막으로 제품 모두가 사장될 판이었다.

이때 애터미가 창립한 지 3년쯤 되었을 때 박한길 회장이 우연히 TV에서 헤모힘 뉴스를 보고는 귀가 번쩍 뜨였다.
한국원자력 연구소에서 개발한 그 좋은 제품이 판로 개척을 못 해 사장될 위기에 처해 있다는 것을 보고는 '내가 한번 팔아 볼까!'라는 생각이 들었다. 누구보다도 파는 데는 자신이 있었다.
사람마다 특기가 따로 있어 거상 박한길의 눈에는 예사롭지 않아 보였다.

초등학교 시절 장래 희망이 뭔지 적어 내라고 했을 때 다른 친구들은 대통령이나 축구선수 아니면 버스운전사를 써냈는데 박한길은 장사꾼이라고 써냈을 정도로 장사에 진심이었다. 하지만 담임 선생님은 장난질을 한다며 핀잔을 하셨다. 할머니로부터 아버지가 일본과 중국을 다니며 장사하여 큰돈을 벌었다는 무용담을 들으며 커왔기 때문에 박한길도 세계를 누비는 큰 장사꾼이 되는 것이 꿈이었다.

 애터미를 설립하기 전에는 온라인 쇼핑몰을 창업하기도 하였다.
앞으로는 반드시 온라인유통이 대세가 될 것이라 확신하였기 때문이다.
2000년도에 시대를 너무 앞서가다 실패하여 신용 불량자가 되었지만, 그 당시 44세라는 나이가 아직은 젊다라고 여기고 오뚝이처럼 다시 일어섰다.
실패하지 않고 탄탄대로만 걸어온 거상은 없다.
실패의 시련과 곤경은 거상이 되기 위한 자양분이 될 뿐만 아니라 인간을 더욱 성숙하고 성장하게 만든다.
건강하고 용기를 잃지 않으면 기회는 반드시 찾아온다는 명언을 항상 염두에 두고 좌우명으로 삼으며 살았는데 바야흐로 헤모힘이 제 발로 성큼 찾아왔다.

 그러나 사업 실패에 신용 불량자에 간경화로 시한부 인생인 상황에서 판매에 대한 열정이 넘쳤던 것은 헤모힘 자체가 물건이었기 때문이다.
사람도 첫눈에 반하는 사람이 있듯이 헤모힘도 첫눈에 반하였다. 이렇게 반할만한 상품이라면 얼마든지 히트

시킬 자신이 있었다.
그 즉시 박 회장은 한국원자력 연구소장인 장인순 박사를 찾았다.

장 박사는 생산처인 김치봉 대표를 소개해주었다. 그리고 드디어 2009년 6월 상품공급 계약을 맺었다.
500상자도 팔리지 않았던 원인이 분명 있었다. 장사할 줄 모르기도 하였고, 가격이 너무나 고가였다.
60포 한박스 한 달 분이 77만 원이라니 소비자들은 부담스러워 외면하였다. 이렇게 고가인 것을 두 달분에 88,000원으로 인하하니 불티가 나기 시작하였다.

이쯤 되니 말기 암으로 시한부 인생을 사는 이상 물에 빠진 사람 지푸라기라도 붙잡는 심정으로 마지막 힘을 다했다.
겨우 5백 박스만 팔 수는 없어 박한길 회장은 헤모힘 가격을 10분에 1수준인 7만 원대로 인하하겠다고 과감하게 결정하였다.
하지만 애터미 내부에서부터 반대 의견이 쏟아져 나왔다. 그렇게까지 가격을 내릴 필요가 없고, 기존에 반값인 35만 원으로 하여도 무난할 상품이라는 의견들이었다.

제품의 우수성과 어디에도 없는 기술력에 대한 자부심이 담겨 있었고, 또한 원자력 의사들이 연구한 제품이라는 신뢰성 때문에 브랜드 가치가 높다고 판단하였지만 이렇게 귀한 제품을 우리 스스로 가격을 깎아내린다면 제품품질까지도 싼 게 비지떡이라는 이미지로 비칠까 봐 염려되었다.
그러나 박회장은 요지부동이었다.

 결국은 김치봉 대표를 만나 담판을 지었다.
두 달분 88,000원에 판매할 수 있도록 공급조정을 해달라고 하니 듣자마자 불가능하다고 안된다고 펄쩍 뛰었다. 할 수 없이 박한길 사장은 비장의 무기를 꺼내 들었다.
주문 시마다 10만 박스씩 발주하데 입고 즉시 약속어음이 아니고 현금 결제하겠다고 하니 그때 서야 단가 조정을 해보겠다는 답을 들었다.

 품질은 우수하게 그대로 유지하되 대량 생산을 하면 원가는 엄청나게 절감되는 게 제조 업자들이 가장 바라는 생산 원리다.
품질이 좋다고 비싸게 파는 것은 누구나 할 수가 있다. 그러니 유럽의 명품 가방도 소량으로 제작해서 한정판매하여 터무니없는 가격인 수천만 원을 호가하는 것이다. 만약 가방을 하루에 몇십 개 만들다가 몇천 개씩 만들면 그 가방 역시 10분의 1 이하로 떨어질 것이다. 이것이 장사의 이치이다.

 박회장은 좋은 제품이지만 누구나 접근성이 가능한 저렴한 가격으로 박리다매하는 것이 상품을 알리는 좋은 기회라는 생각이 들었다.
떴다방처럼 반짝 판매가 아닌 미래의 비전을 보고 10년, 20년, 30년 이상을 내다보면서 사업하려면 제품이 좋아야 한다. 그래서 애터미 하면 품질 좋고 저렴해 믿음이 가는 회사로 소비자들에게 인식이 되어야 한다는 경영철학이었다.

 박한길 회장의 경영철학은 적중했고 헤모힘은 없어서 못 팔 지경이었다. 공장에서는 밤새워 24시간을 가동해 만들어도 한강에 돌 던지기로 그 많은 제품 박스가 어디로 갔는지 하나도 보이질 않았다.
이럴 때가 사업에 묘미로 피곤한 줄 모르고 밤을 설치게 된다.
박회장은 사업이 잘 되니 더 열정적으로 덤벼들어 마른 수건을 쥐어짜듯이 원가 절감을 더 하여 포수를 늘리는 데 안간힘을 썼다.

가격적인 메리트가 더해지면서 판매량은 기하급수적으로 늘어나 생산 물량은 폭발적이었다. 건강식품 중 헤모힘보다 더 판매된 제품은 국내에서는 찾아볼 수가 없었다.
각고의 노력 끝에 헤모힘은 2014년 5년 만에 천억 판매를 돌입했고, 2022년에는 2조 원에 매출로 이어졌다. 눈에 보이는 경쟁자는 경쟁자가 아니다. 눈에 당장 보이지 않는 경쟁자가 진짜 경쟁자다. 잠재적인 경쟁자와 숨어있는 경쟁자까지 감히 넘볼 수 없는 초월적인 가격으로 승부를 걸은 게 애터미를 우뚝 일으켜 세우는 원동력이 되었다.

 박한길 회장은 마음이 정직하기 때문에 꿈이 있었고, 양심적이기 때문에 사회에 기여 하는 바가 크다.
박회장은 건강식품 헤모힘으로 대한민국 국민을 건강하게 만들었고 전 세계 사람에게도 건강을 지키게 하였다.
글로벌대표 건강식품이 되려면 품질은 물론 가격이 저렴하여야 한다. 그래야 접근성이 좋아 부담 없이 지갑을 열게 된다. 가격이 고가이면 누구도 지갑을 쉽게 열지 않는다.

제4장 필자의 생각

처음으로 간 세미나에서 4시간 강의 들은 것으로는 자료가 충분치 않지만, 인터넷을 검색해 가면서 소책자를 집필하는 데 일주일밖에 걸리지 않았다.

우선 인쇄가 나오면
박한길 회장님, 윤용순 대표님, 윤영성 목사님, 전무님 임직원께 10부 드리고,
검품을 받은 후 1차로 3,000부 발행할 예정이다.

몇몇 분께 사전 전화를 해보았더니 애터미가 무어냐고 질문하는 분
또 애터미는 들어보았는데 무엇 하는 곳이냐는 분
애터미는 알지만, 아무것도 사본 적은 없다는 분으로 보아 아직 황무지인 시장개척은 이제부터라는 생각이 든다.

필자의 자서전 1권에서 책 제목을 <천태만상>이라 정했듯이 황무지를 개척하려면 천태만상의 인간들을 다 겪어 봐야 한다.
세계 인구의 얼굴이 다 각각 다르듯이 성격 또한 다르므로 마땅치 않거나 비위에 거슬리는 사람이 있어도 타고넘어야 한다.
지는 것이 곧 이기는 거라는 이치를 깨닫게 되면 영업을 성공으로 이끄는 인격을 갖추는 것이다.

 옛말에 장사꾼 똥은 개도 안 먹는다는 말이 있다. 즉 이 꼴 저 꼴 별꼴 다 보고 나면 꼴값 떠는 게 보기 싫다. 그러니 속이 터져서 똥까지 시커멓게 타기 때문에 맛이 없으니 개도 안 먹는다는 거다. 그만큼 장사를 하려면 힘이 든다는 뜻에서 생각의 그릇은 크고 속은 넓게 참는 인성을 길러야 거상의 자질이다.

 우리 동네에 '총각네 과일'이라는 장사가 잘 안되는 가게가 있었다. 가격도 슈퍼보다 비싸면서 손님이 "슈퍼보다 비싸네요. 주세요."라고 하면 그냥 팔면 되는데 "아줌마한테는 안 팔아요. 거기 가서 사세요." 하면서 얼굴을 붉으락 댄다.

 이런 총각은 장사에 자질이 없다.

그전에는 약혼녀가 총각과 같이 나왔었는데 번번이 손님에게 부르르 성질 떠는 것을 보고는 아니다 싶었는지 언제부터인가 약혼자가 보이지 않았다.

 그러던 중 한집 건너에 과일 가게가 새로 들어서니까 총각네는 개미 새끼 한 마리 가질 않고 파리만 날리더니 어느 날부터 문을 걸어 잠그고는 그 이후로 보이지 않았다. 성질머리가 인생을 망친 꼴이 된 것이다.
애터미 사업으로 성공하려면 과일 가게 총각 같은 성질머리면 안 된다. 그릇이 그렇게 작으면 결혼도 실패, 사업도 실패, 머지않아 건강도 실패하게 된다.

 장사도 인성을 갖춘 사람에게 어울리는 일이다.
돈보다 사람을 먼저 생각하고, 화를 내기보다는 이해하고, 손해를 보더라도 신뢰를 주는 사람이 결국 오래가고 크게 된다.
장사는 잔재주보다 인내, 진심, 신뢰가 밑바탕이다.

 포악한 사자는 12년 밖에는 못 살지만 느긋한 거북이는 200년을 사는 것만 보아도 사람의 성질머리가 인생을 좌우한다고 해도 과언이 아니다.
장사를 하려면 이 꼴 저 꼴 별꼴 다 보는 게 장사인데 그런 꼴이 싫다면 총각네처럼 장사를 접어야 한다.

장사는 물건만 파는 일이 아니라 사람을 상대하는 일이고, 사람을 상대하다 보면 억울하고 속상한 일도 당연히 생기는 법이다. 그런 걸 견디지 못하면 마음이 무너지고, 마음이 무너지면 장사는 오래 못 간다.
식물은 큰 나무 밑에서는 그늘 때문에 자라지 못하지만, 사람은 큰 거목인 사람 밑에 있어야 덕을 보게 된다.

 찬스를 잡을 수 있는 혜안과 용기를 가진 사람은 기회를 잡지만, 주저하고 용기가 없는 사람에게는 기회가 날아간다.
큰 기회는 자주 오는 것이 아니다.
축구선수가 골대 앞에서 찬스가 왔을 때 골인을 시키면 영웅이 되지만, 헛발질하는 순간 비난과 조롱의 대상이 되고 만다. 찰나의 순간에 운명이 갈리는 것이다.

 애터미가 내 인생의 행운으로 팔자를 고칠 수 있다고 느끼는 사람은 가슴이 뜨거워져 꿈을 이루지만, 한 귀로 듣고 한 귀로 흘려보내는 마이동풍인 사람은 찬스 앞에서 발조차 떼지 못해 아무것도 이루지 못한다.

 나이가 들어도 건강이 최고라는 것은 누구나 안다. 하지만 건강을 유지하고 지키는 일은 노력하지 않고서는 힘들다. 건강하게 장수를 하려면 첫째 고인 물은 썩고 흐르는 물은 맑듯이 늘 움직여야 한다.
일이 없으면 그냥 운동하기가 어렵다. 그러므로 노년에 움직이기에 가장 적합한 것이 애터미 사업이다. 매일 사람을 만나러 가야 하니 걸어야 하고, 여러 사람과 대화하니 기도 충전되고 외롭지 않다. 또 이렇게 움직이면서 실적을 올리려고 머리를 쓰니 치매 걱정도 없다. 거기에다 돈이 들어오니 영양가 있는 음식과 건강보조식품만 먹게 되어 몸은 더욱 좋아질 수밖에 없다.
나이가 들수록 밝은 옷으로 잘 입고, 잘 먹고, 매일 움직이면 120세까지 두 발로 걷다가 편안하게 쉬러 갈 수 있다.

 애터미는 신용 불량자나 백수로 지내거나, 지금 하는 일이 빈약하여 비전이 안 보이거나, 정년퇴직 후 빈둥빈둥 밥만 축내거나, 집안 살림만 하여 남는 시간이 무료할 때 애터미가 적격이다.
'에이 그런걸'하고 무시하거나 비전을 이야기해도 별천지 이야기라며 소귀에 경 읽는 벽창호와 가까이하면 오히려 용기를 잃게 되어 이런 사람은 경계해야 한다.
손에 쥐여줘도 모르는 사람을 설득하는 것은 돌부처에게 말하게 하는 것보다 더 힘들고 흑인을 백인으로 만드는 것처럼 어렵다.

세일즈는 거절로부터라고 거절하는 사람은 잠재 고객으로 남겨두고 설득할 시간에 여러 사람을 만나는 것이 사업의 첫걸음이다.
세일즈 사업은 맨몸으로 상품을 판매하는 것이기 때문에 자신의 인격을 파는 것과 같다. 그래서 단정한 복장, 친절한 말투, 넘치는 매너, 진정성 있는 스피치를 갖춘 사람에게 고객이 몰려온다.
미소가 없고 차디찬 사람이 사람을 대하는 일을 하면 부정적인 인상을 주어 신뢰감이 생기지 않는다. 이런 사람은 실내에서 고객을 응대하지 않고 혼자 하는 일을 해야 한다.

필자와 같은 나이의 바이든 전 미국 대통령은 전립선암 말기로 뼈까지 전이되어 뼈가 새까맣고 치매까지 왔으며 삼성그룹 이건희 회장은 수십조 원의 재산을 남기고 세상과 작별한 지 오래되었고, 날아가는 새도 떨어뜨린다는 권력을 가진 북한의 김정일도 가족력인 심혈관 질환 뇌졸중으로 한참 전에 세상을 떠났다. 잘 먹고 움직임이 적었기 때문이다.
필자와 같은 나이의 사람들은 이미 다 가고 없어도 젊은이 못지않게 애터미 사업에 도전하고 비전있는 글만 연속으로 집필하려고 한다.

애터미에 가입하고 싶어서 애터미 가입하는 곳을 인터넷으로 찾아보았더니 이곳저곳 강의하는 데까지 수도 없이 많았다.
그중에서 왠지 한 곳에 마음이 꽂혀 콜을 하니 신호는 가는데 받지를 않았다. 다른 데를 해볼까 하다가 다시 한번 더 해보니 또 받질 않았다.
삼세번이라고 이번에도 안 되면 가입 문의하라는 데는 많으니 다른 데로 해보려는데, 입력이 안 된 콜이 오기에 책을 본 독자인가 하고 폰을 터치하여 받았다.

"여보세요."
"부재중 전화 주셔서 전화 드리는 데 누구세요?" 젊은 여성분의 꾀꼬리 같은 목소리다.
"네, 회원가입을 문의드리려고요." 하니 반가운 목소리로 인사를 건넨다.
"그러세요? 그런데 저를 어떻게 아셨어요?"
"인터넷을 검색 중인데 전화를 안 받으시기에, 다른 데로 알아보려던 참이었어요."
"어머~" 하고는 까르르 웃더니 "일이 있어서 전화를 못 받아서 죄송해요." 하며 정중한 사과에 성격이 서글서글하니 밝아 보였다.

"가입은 어떻게 하는 건가요? 가입비와 구비 서류는

요? 어떻게 하죠?"
또 오래전에 알았던 지인처럼 친근하게 "호호호" 하고 한 번 더 웃으면서
"그런 건 없어요. 무자본, 무점포로 막 바로 시작하는 거예요."
그녀는 아침이슬이 풀잎에 맺혀 햇살에 반사된 듯 싱그러운 느낌이었다.
"그러면 만나 뵙고 말씀드리지요."
"시간과 약속 장소를 문자로 남겨 놓으세요. 내일 찾아뵐게요. 좋은 하루 되세요." 하며 끊었다.
마지막 인사는 명랑하고 싹싹한 성격이 느껴져 개운함을 느꼈다.

 다음 날이 왔다. 약속 장소에 세 사람이나 나와 어리둥절하여 부담감도 느껴졌다.
"더우신데 오시느라 수고가 많으셨어요. 아이스 커피부터 하시지요."
차를 마시면서 가입 절차에 대해 상세히 설명 들었고, 그래도 가입을 미루니 그녀는 실망한 듯 섭섭해하는 눈치였다.
"내일 연락할게요." 하며 작별하였다.

애터미 사업을 처음에는 죽기 살기로 열정적으로 시작

하였던 10명을 보았다. 그런데 2~3년 후에 보면 슬그머니 사라지고 없다. 그래서 그 후 우연히 만나서 물어보면 힘들어서 접었어요.라고 말한다.

 사업은 아무나 성공하는 게 아니고 이 세상에 저절로 되는 것도 없고 공짜도 없다.
인재냐 둔재냐에 따라서 성패에 갈리므로 건강은 빌릴 수 없지만, 머리는 빌릴 수 있어 자기 머리로 안 되면 다른 사람의 머리라도 빌려야 한다.

 기업은 사람이다.
사업에 맞지 않고 거슬리는 사람과 어물쩍 넘어가면 더는 성장 할 수가 없는 게 기업이다.
애터미 일곱 가지 직급을 승진하기 위해서는 인재 급 리더를 만나야 제대로 된 어드바이스를 받을 수 있다.

마스터 직급 월 수당은
①세일즈 200만 원 ~ 400만 원
②다이아몬드 400만 원 ~ 1천만 원
③샤론로즈 1천만 원 ~2천만 원
④스타 3천만 원
⑤로얄 5천만 원
⑥크라운 7천만 원

⑦임페리얼 1억 원
참고로 알아두면 분발하는데 촉진제가 되어 더욱 의욕이 생길 것이다.

 처음에는 애터미 생활용품을 본인만 쓰다가 가족, 친구, 지인 등 인맥을 넓혀나가면 3번째 샤론로즈 직급까지 도달하여 월 1천만 원의 수익이 생긴다.
일을 하니 많이 움직이게 되어 건강까지 얻는다.
처음에는 그물을 강가에만 쳤기 때문이지만 그물을 더 넓게 바다에 치면 더 많은 물고기를 잡을 수가 있다.
애터미 사업도 전 국민을 상대로 해야 최고직급인 임페리얼이 되어 매월 고액의 수당을 받는다.

 부지런한 사람이 성인병도 없이 건강하고 사업도 잘되니 모든 게 자기 하기에 달려있다.
최고가 되려면 남과 같아서는 안 되고 자기만의 노하우와 성실함이 있어야 한다. 쇠는 불에 달구어 두드려 패야 강해지고 사람은 시련을 겪으면 겪을수록 성장한다.
애터미 사업도 저절로 되는 게 아니다. 각별한 각오가 있어야 한다.

 하늘은 스스로 돕는 자를 도우므로 내가 마음먹기에 달려있고 내가 하기에 달려있다.

필자는 인생 철학에 대하여 여러 권을 집필하였다. 거기에 빠지지 않는 단어가 늘 따라 다니는데 '건강과 독서'이다. 늘 좌우명을 염두에 두고 살며 그 말을 실천하였더니 먹는 약도 없고, 사람 보는 눈이 정확하게 되었다.

애터미 회원여러분도 늘 독서를 생활화하시길 바란다. 책을 멀리하는 사람은 경계 대상이며 독서를 하지 않는 사람이 성공하는 예를 본 적이 없다. 어쩌다 성공했다 하더라도 성공 수명은 오래 갈 수가 없다. 작은 성공은 누구나 할 수 있지만, 남들이 부러워할 만한 성공은 책을 통해 지식을 쌓아 지혜롭기 때문이다. 그래서 애터미는 지속적인 교육을 통해 세계적인 기업으로 우뚝 설 수 있었다.

애터미는 곧 교육이라고 해도 과언이 아니다.
인생을 사는데 눈 뜨고 잠자기 전까지 보고 듣고 하여도 한도 끝도 없다.
사람은 말을 할 줄 알고 교육을 받기 때문에 만물의 영장으로 불리지만 동물은 말을 하지 못해 교육을 받을 수가 없다.
그러므로 애터미 교육을 받고 세미나에 참석률이 높을수록 최고직급에 등극할 확률이 높아진다.

다시 한번 강조하자면
천연 한방 원료로 만든 "헤모힘(Hemohim)"은 한국 원자력연구원에서 개발한 면역력 강화 건강기능식품으로 이름의 의미는
Hemo: 혈액(Hemoglobin)
HIM:면역(Immune), 항산화(Antioxidant), 조혈(Hematopoiesis)의 약자로 그만큼 면역력에 중점을 둔 최고의 제품이다.

📱 회원가입시

성명→본인 명의 핸드폰 번호→ 통신사→
주민등록번호 앞자리 6자리만 있으면 신용 불량자도 가입 가능하다.

　108번째 글은 새봄이 오듯 젊어지는 <회춘 비결>이 되겠습니다.

<필자가 애터미에 관해 쓰는 내용은 사실 그대로 실화를 바탕으로 쓴 글이므로 논픽션이다.>

코로나가 또 다시 확산되고 있습니다.
면역력을 높여야 합니다.

헤모힘의 면역,
전세계는 이미 알고 있습니다.

헤모힘은 미국, 러시아, 호주, 싱가포르, 멕시코, 중국을 포함한 전 세계 20개 지역에 판매되고 있습니다.
*2024년 8월 기준

오직 면역을 위해
애터미 헤모힘

한국원자력연구원 8년의 국책연구로 완성

헤모힘 무료배송

애터미 헤모힘 (60포, 1개월분)
88,000원 44,000 PV

애터미 헤모힘4Set (60포4set, 4개월분)

328,000원
164,000 PV

주문 010-3895-4114

주문 010-3895-4114